동양상담학 시리즈 ❹

논어와 상담

박성희 저

Oriental Counseling Series

학지사

동양상담학 시리즈를 펴내며

돌이켜보면 참 오랫동안 한국상담 또는 동양상담에 대한 연구와 논의의 필요성을 느껴 왔다.

처음 상담계에 입문할 때에는 그저 서양에서 들어온 지식을 열심히 섭취하여 상담을 잘하기만 하면 그만이라고 생각했다. 상담의 발상지가 서양이니까 그렇게 하는 게 하나 이상할 것도 없고, 또 상담계에 종사하는 모든 사람들이 그렇게 하니까 아무런 의구심이 들지 않았다. 하지만 시간이 지나면서 조금씩 내가 하는 일에 무엇인가가 빠져 있다는 사실을 눈치 채기 시작했다. 서양 사람들에게서 뽑아 낸 상담 지식을 한국 사람에게 그대로 적용하는 데에 무리가 있다는 점을 알게 된 것이다. 그러니까 그때까지 나는 한국 사람을 미국 사람 대하듯 상담해 왔다. 이런 사실을 알게 되면서 내심 무척 당황하고 부끄러웠다. 한국 사람과 미국 사람이 모든 점에서 똑같다면 모르되, 그렇지 않다면 맞지 않는 옷을 어색하게 입히려는 우스꽝스런 짓을 하고 있었던 셈이다.

이때부터 나의 고민은 시작되었다. 어떻게 하면 한국 사람들에게 어울리는 상담을 할 수 있을까? 어떻게 하면 한국 사람에게 적합한 상담 지식을 찾아내고 이를 체계적으로 정리할 수 있을까? 어떻게 하면 한국적 문화와 역사와 전통을 반영한 상담 이론을 구성할 수 있을까? 이런 고민 끝에 한국인의 일상생활에 스며 있는 삶에 대한 철학과 사상과 문화적 전통을 뒤져 보자는 생각을 하게 되었다. 이렇게 해서 이 책에 실린 원고들을 하나씩 쓰기 시작하였다. 이때 우연히 이웃나라 일본의 상담학자들도 일찌감치 나와 같은 고민을 하며 일본식 상담을 개발하였다는 사실을 접할 수 있었다. 모리타 상담과 나이칸 상담은 그들의 치열한 문제의식이 잉태한 일본식 상담론으로서 우리가 한 번쯤 살펴볼 만한 가치를 가지고 있다. 이 책의 제목이 한국상담이 아니라 동양상담이라고 붙여진 것은 일본상담이 포함되었기 때문이기도 하고, 동양사회를 관통하고 있는 유 · 불 · 도 삼가의 사상이 주요 주제로 다루어지고 있기 때문이기도 하다.

원래 이 원고 집필을 시작할 때는 한 권의 단행본으로 출판하려고 하였다. 그러나 작업을 하다보니 앞으로도 이런 작업이 끝없이 이어져야 할 거라는 생각, 그리고 연구가 완성될 때까지 오래 기다리기보다 그때그때 신속하게 연구 결과를 보고하는 편이 나을 거라는 생각이 들었다. 이 시리즈의 첫 원고가 이미 5년 전에 탈고되었다는 점이 이런 생각을 굳히게 했다. 앞으로

이 시리즈가 계속되기를 기대한다. 필자 역시 이 작업을 계속하겠지만, 한국상담과 동양상담에 관심 있는 상담학도라면 그 누구라도 이 작업을 이어갈 자격이 있다. 그리하여 앞으로 100권, 200권을 넘어서기까지 이 시리즈가 쌓여 가기 바란다. 감히 말하건대, 이 시리즈 목록의 길이는 한국상담의 성숙도를 보여 주는 바로미터가 될 것이다.

필자는 상담을 전공하는 후학들이 '우리와 우리 것'에 대해 관심 가지기를 간절하게 바란다. 원고를 쓰면서 필자는 우리 역사, 사상, 철학, 문화 속에 상담 정신이 깃든 자료가 그렇게 풍부하다는 데 정말 놀랐다. 그럼에도 불구하고 이들이 상담학도들의 눈에 띄지 않았다는 사실이 참 이상하다. 다소 늦기는 했지만 이 자료들을 정리하여 현대 상담 속으로 끌어들일 때가 되었다. 외국으로부터 배울 것은 배우되, 온고지신 하는 마음으로 우리 것을 품어서 한국상담학을 정립해 가는 창조적인 작업에 모두 동참하자.

이 작업을 시리즈물로 기획하자고 제안하신 김진환 사장님 그리고 상담에 대한 깊은 애정을 가지고 정말 꼼꼼하게 교정과 편집 책임을 맡아주신 최임배 부장님에게 감사의 말씀을 드린다. 앞으로도 좋은 상담책 많이 출판하셔서 한국상담계의 발전에 큰 몫을 담당해주시기 바란다.

청주 원봉산 자락에서, 박성희

머리말

상담의 시선으로 보면 공자는 아주 훌륭한 상담가였다. 늘 제자들과 함께 하면서 지혜롭게 사는 삶을 가르치고 직접 몸으로 시범을 보였다. 따라서 공자의 언행을 담은 『논어』는 인류의 고전이자 상담의 고전으로 손색이 없다.

이 글을 쓰기 위해 논어를 여러 번 되풀이해서 읽으면서 공자의 사람 됨됨이를 가깝게 느낄 수 있었다. 2,500여 년을 지나 제자들의 기록을 통해 간접적으로 접하는 공자였지만, 인생을 성실하고 진지하게 살아가는 한 거인의 풍모를 유감없이 볼 수 있었다. 더구나 제자를 비롯한 다른 사람들과 밀도 있는 관계를 맺고 그들의 삶에 도움을 주려고 애를 쓰는 공자의 태도는 상담자가 본받을 원형으로서 부족함이 없었다.

공자를 읽으면서 현대 한국 상담자들의 공부가 어떤 것이어야 할까 나름대로 고민해 봤다. 상담자가 할 수 있는, 또는 해야 하는 공부는 여러 방면에 걸쳐 있을 것이다. 자기가 해놓은 상담을 되짚으며 따져 보기도 하고, 사람들의 삶을 관찰하기도 하고, 이런저런 경험을 해 보기도 하고, 조사와 실험을 해 보기도 하고, 상담 서적을 읽고 쓰기도 할 것이다. 이 중에서 상담 서적을 읽거나 쓸 때 일방적으로 외국 자료에 기대는 자세를 버려야 할 것 같다. 상담이 처음 외국에서 수입된 것은 사실이지만, 그렇다고 해서 상담자가 공부할 내용을 외국 자원에 한정할 필요는 없기 때문이다. 요즘 시중에 출판되는 상담 서적을 보면 거의 대부분 외국 자료들을 번역한 것이거나, 외국 사람들이 설정한 패러다임을 바탕에 두고 한국 상황에 적용한 결과를 실은 것들이 대부분이다. 이래가지고서는 한국인에게 잘 어울리는 한국적 상담의 태동을 기대하기 어렵다. 온고지신이라는 공자의 말을 따라 우리 것을 되돌아보고 이를 창조적으로 재구성하려는 노력이 아주 절실한 시점이다.

차례

1

왜 공자의 논어인가?

최근에 공자와 논어에 대해 말이 많다. '공자가 죽어야 나라가 산다.'는 자극적인 제목이 붙은 책이 베스트셀러 대열에 오른 이후에 유림계, 학계는 물론이요 일반 대중들도 공자와 논어에 새로운 관심을 갖는 듯하다. 참 유난스럽다는 생각이 들면서도 마음 한구석에는 그 정도로 공자와 논어가 우리에게 끼친 영향이 크다는 생각도 든다. 공자가 중요하지 않다면 공자를 가지고 무어라 한들 사회적 반향이 그리 클 수가 없을 것이기 때문이다.

공자 또는 논어에 대한 우리의 태도는 이중적이다.

'공자왈 맹자왈,' '공자님 같은 소리하네.' 라는 표현에서 보듯 공자를 고리타분한 구시대를 대표하는 인물로 여기는 한편, '세계의 4대 성인' 이요, '동양적 사유의 근본' 이라는 표현으로 공자를 한없이 드높이기도 한다. 사회 저변에 깔린 이 같은 이중적 태도는 개인의 의식 차원에서도 발견된다. 초고속 정보화 시대를 살아가는 현대인으로서, 장유유서라는 가치를 우습게 여기면서도 막상 자신보다 나이가 어린 사람에게 무시를 당하면 화가 나서 어쩔 줄 모르는 일이 우리 주변에 아주 흔하다.

공자를 내리깎든 드높이든 중요한 것은 공자 그리고 논어에 담긴 사상이 우리 한국인의 의식 속에 아주 깊숙이 박혀 있다는 사실이다. 우리들의 일상생활을 조금만 자세히 들여다보면 공자의 말과 부합하는 가치와 행동을 얼마든지 찾아낼 수 있다. 부모님께 효도하고 형제를 사랑하는 자세, 소인을 혐오하고 군자답게 살려는 자세, 항상 주변 사람들로부터 무언가를 배우려 하는 자세, 옛것을 익혀 새로운 것을 창조하려는 자세,

내가 하기 싫은 일을 남에게 시키지 않으려는 자세, 교육과 학습을 중시하는 자세, 어른을 공경하려는 자세 등 현대 한국인의 삶 속에 공자의 사상이 남긴 흔적은 아주 뚜렷하다. 조금 과장하면, 공자의 사상은 마치 자동화된 사고처럼 우리의 신념과 행동 사이에 자연스럽게 스며들어 있다. 그리하여 우리는 자신도 모르는 사이에 공자가 추천한 삶의 방식대로 살아간다. 겉으로는 우리의 삶이 공자와 아무런 상관이 없다고 생각하지만, 그 뿌리를 더듬어 보면 공자와 논어가 등장한다. 아마 자아의식이 형성되기 전 아주 어린 시절부터 귀가 따갑게 듣고 자란 공자의 사상이 우리의 내면세계를 구성한 듯하다. 신세대는 다르다고 말하는 사람도 있지만, 그들의 생활을 자세히 뜯어보면 꼭 그렇지도 않다. 눈에 보이는 바깥 삶의 모습이 더할 수 없이 달라졌음에도 불구하고, 그들 내면 깊숙이 흐르는 정신은 이전 세대의 그것과 큰 편차를 보이지 않는다. 이런 점에서 공자와 논어가 현대 한국인의 삶에 깊은 영향을 주고 있다는 말은 전혀 과장이 아니다.

공자와 논어에 담긴 사상이 현대 한국인의 삶에 깊숙이 관여하고 있다면, 상담에서도 어떤 방식으로든 이 문제를 다루어야 한다. '생활 세계 곳곳에서 인격적인 만남을 통해 사람들의 바람직한 변화를 돕는 과정'이 상담이라고 할진대(박성희, 2001), 현대를 살아가는 한국 사람들을 잘 돕기 위하여 한국에서 이루어지는 상담은 공자와 논어에 대해 남다른 관심을 기울여야 한다. 공자와 논어의 어떤 부분이 사람들의 마음에 살아 움직이는지, 그중 어떤 부분이 삶에 도움이 되고 방해가 되는지, 삶에 방해되는 부분이 있다면 이에 어떻게 대처할 것인지, 삶에 도움이 되는 부분이 있다면 이를 어떻게 확대시켜 재생산할 것인지 등 공자와 논어에 담긴 상담적 의미를 드러내고 이를 현대인의 삶에 어울리게 재조명할 필요가 있다.

박이문(2005)은 공자를 다시 찾아야 할 중요한 이유로서 공자의 세계관이 오늘날 첨단 과학이 함축하는 세계관과 흡사하면서도 과학적 세계관과 기술 문명이 만족시켜 줄 수 없는 도덕적 가치를 논어가 채워 줄 수 있다는 점을 들고 있다. 필자는 여기에다가 한 가지 이유를 더 첨가할 것이다. 공자와 논어는 현대인들로 하여금 한국 사회에 적응하고 그 속에서 성장·발전하는 데 필요한 원리와 방법을 제공하는 상담적 가치를 가득 담고 있다. 따라서 공자를 탐구하는 일은 바로 오늘을 현명하게 살아가는 방법을 탐색하는 일과 같다.

이 글은 논어에 등장하는 공자의 사상 중 상담과 관련된다고 여겨지는 부분을 추출하여 필자 나름대로 재구성한 것이다. 상담에 비추어 논어를 재해석함으로써 오늘을 살아가는 한국인들에게 도움이 될 만한 요소를 찾아내는 것이 이 글의 목적이기 때문이다.

필자는 이 글을 쓰면서 논어의 자구 해석에 매달릴 생각은 없다. 그 일은 이 분야의 전문학자들이 할 일이고, 이 글의 목적은 다른 데 있기 때문이다. 이런 이유로 이 글은 어느 한 주석서에 머물지 않고 여러 학자들이 해놓은 해석과 풀이를 편의대로 가져다 썼다. 필자는 주로 다음 저자들의 논어 주석을 참고하였다. 김용옥(2001, 2002), 박이문(2005), 성백요(1993), 왕방웅 · 증소욱 · 양조한(2002), 양백준(1997), 이장지(1985), 천웨이핑(2002). 혹 논어의 내용을 지나치게 오역 · 오독한 부분이 있다면 독자들이 알려 주기 바란다.

2

논어의 중심 개념

논어에 담겨 있는 상담적 의미를 찾아내려면 먼저 논어의 중심 개념을 이해할 필요가 있다. 논어의 중심 개념은 이미 잘 알려진 대로 '인(仁),' '예(禮)' 에서 찾을 수 있다. 이 각각의 개념과 이들 사이의 관계를 논어에서 어떻게 파악하고 있는지 따져 보자.

여기서 한 가지 미리 말해 둘 것이 있다. 논어의 중심 개념들을 다루려고 할 때 우선 문제가 되는 것은 이 중심 개념들에 대한 명확한 정의를 논어 속에서 찾기 어렵다는 점이다. 중심 개념은 있으되, 그 개념의 의미가 뚜렷하게 규정되어 있지 않다는 뜻이다. 공자는

'인'이 무엇인지, '예'가 무엇인지 묻는 제자들의 질문에 직접 '인'과 '예'의 개념을 설명하는 대신, 항상 실례를 들어 답하는 방법을 취했다. 아마도 '인'이니 '예'니 하는 개념들을 내연과 외포가 뚜렷한 몇 마디 말로 정의하는 일을 경계한 듯하다. 따라서 공자가 사용한 중심 개념들의 의미를 파악하려면 어쩔 수 없이 공자가 언급한 실례들을 짚어 가며 간접적으로 그 의미를 추론하는 방법을 쓸 수밖에 없다. 이 글도 마찬가지다.

1. 인(仁)

공자는 인간으로서 지녀야 할 덕목을 여러 가지 이야기하고 있다. 그중에서도 '인'은 공자의 핵심 사상이라고 말할 정도로 논어에서 중심적인 위치를 차지한다. '인'의 중요성은 다음과 같은 공자의 말에서 쉽게 알아차릴 수 있다. "참된 인간은 밥 먹을 동안에도 인을 어기지 않고, 급할 때도 그렇고, 거꾸러질 때도 그래야 한다(이인, 5장)." "인에 관한 한 스승에게도 양보하지 않는다(위령공, 35장)." "사람이 어질지 아니하면 예는 무엇 할 것이며, 사람이 어질지 아니하면 악은 무엇을 할 것인가(팔일, 3장)." "인을 구하며 인을 얻었으니, 무엇을 후회하겠는가(술이, 14장)." "뜻이 굳은 선비나 어진 사람은 인을 희생하면서까지 살려고 하지 않고, 또 인을 성취하기 위해서는 자신의 죽음도 마다하지 않는다(위령공, 8장)."는 공자의 말은 '인'이 사람이 추구해야 할 최고의 덕목임을 분명하게 드러내고 있다.

그렇다면 '인'은 구체적으로 어떤 뜻을 갖는가? 이 역시 '인'의 내용과 관련된 공자의 언급을 더듬어 보면 그 실마리를 찾을 수 있다.

첫째, "말을 꾸며대며 얌전한 체하는 짓으로 아마 사람다운 인을 갖기는 드물다(학이, 3장)." 공자의 이 말은 '인'이 자신에 대한 진실성, 즉 순수하고 투명하고 정직한 심성을 뜻하고 있음을 지적한다. '인'은 바로 자신에 대한 진실함과 솔직함으로부터 출발한다. 자신의 내면에 흐르는 생각, 느낌에 충실할 뿐 아니라 여기에 다른 것을 섞지 않고 순수하고 투명하게 표현하는 데에 '인'이 있다는 것이다. 자신을 꾸미고 과장하는 가식과 허위는 '인'에서 가장 멀리 떨어져 있는 품성들이다(박이문, 2005).

둘째, "효제는 인의 근본이다(학이, 2장)." 이 말은 부모에 대한 효도와 형제간의 우애가 '인'의 본질이라는 뜻이다. 즉, 부모와 형제를 아끼고 존중하는 마음씨와 행실이 '인'의 밑바탕이라는 말이다. 나를 넘어서서 다른 사람을 아끼고, 사랑하고, 존중하는 이타적 심성이 '인'이라는 점을 드러내고 있다. 효제는 혈연을 유대로 하는 유대의 정으로 실현된다. 때문에 '인'을 행하는 기초로 효제를 삼는 것은 우선 혈연의 범위에서 친자 수족을 사랑으로 보듬고, 나아가 모든 사람 사이에서 보편적인 사랑을 전개하고자 하는 것이다(천웨이핑, 신창호 역, 2002).

셋째, "어진 사람은 자기가 서고자 함에 남도 서게

하며, 자신이 통달하고자 함에 남도 통달하게 한다(옹야, 28장)." "어진 사람은 자신이 하고자 하지 않는 것을 남에게 강요하지 않는다(위령공, 23장)." 이 말은 다른 사람과의 관계에서 '인' 함이 표출되는 방법을 나타내고 있다. 다른 사람을 자신의 욕구를 만족시키기 위한 수단이나 도구로 대하지 않고 자신과 동등한 인격을 갖춘 사람으로 대접하라는 뜻이다. 그러기 위해서 먼저 상대방이 무엇을 원하고 바라는지 따뜻한 마음으로 공감할 수 있어야 하고, 공감한 내용을 바탕으로 상대방을 배려할 수 있어야 한다. 흔히 충(忠)과 서(恕)로 표현되는 이 말은 '인' 의 내용이자 '인' 을 실행하는 구체적 방법론이라고 할 수 있다.

넷째, "능히 다섯 가지(공손함, 너그러움, 믿음, 민첩함, 은혜로움)를 세상에 행할 수 있으면 인이 된다(양화, 6장)." 이 말은 대인 관계에서 '인' 한 사람이 갖추어야 할 다섯 가지 덕성을 지칭한 것으로서 '인' 의 결과를 말하기도 하고, '인' 을 판단하는 기준으로서의 기본 행동과 정신 자세를 말하기도 한다.

'인' 에 대한 앞의 두 언급은 '인' 의 내재적 속성을, 뒤의 두 언급은 사회적인 관계 속에서 '인' 이 표현 · 실행되는 방법과 행동 양식을 뜻한다고 해석할 수 있다. 결국 '인' 은 자신에 대한 진실함을 바탕으로 다른 사람을 사랑하고, 이 사랑의 바탕 위에서 남을 믿고 존중하고 공감하고 배려하고 베푸는 따뜻한 마음과 행동이라고 요약할 수 있다.

2. 예(禮)

공자 하면 '예' 가 떠오를 정도로 '예' 역시 공자의 사상에서 중요한 위치를 차지하고 있다. "천명을 모르면 군자 노릇을 할 수 없고, 예를 모르면 세상에 나설 수가 없다(요왈, 3장)." "예법대로가 아니면 보지 말고, 예법대로가 아니면 듣지 말고, 예법대로가 아니면 말하지 말고, 예법대로가 아니면 아무 것도 하지 말라(안연, 1장)."는 공자의 말에서 우리는 공자가 '예' 를 '인'

못지않게 중요시하고 있음을 알 수 있다.

그렇다면 '예'는 구체적으로 무엇을 뜻하는가?

'예'는 공자가 "군자는 그릇(器)이 되어서는 안 된다(위정, 12장)."라고 말했을 때의 그릇, 제자 자공에 대해 "너는 그릇(器)이니라(공야장, 3장)." 했을 때의 그릇을 말하는데, 이때 그릇은 수단, 틀, 형식, 공식, 관습, 관례, 습관, 의식 등을 뜻한다(박이문, 2005). 그러니까 '예'는 정해진 틀, 형식, 공식, 관습, 관례, 습관 또는 의식에 따라서 일정한 방식으로 수행되는 행동이라고 정의할 수 있다. 그렇다고 해서 모든 그릇이 '예'라고 말할 수는 없다. '예'는 도덕적 의미가 있는 선하고 옳은 내용을 담은 그릇이기 때문이다. 따라서 도덕적 가치가 배제된 행동은 '예'에 속할 수 없다.

공자에 따르면, 인간은 미숙하게 태어난 원재료에 불과하다. 따라서 늘상 '깎고 갈고 쪼고 문질러 윤을 냄'으로써 자신을 완성시키고, 또 주위의 다른 사람들과 잘 어울려서 예식을 멋들어지게 올릴 수 있는 사회의 참된 구성원으로 자신을 형성해 나가야 한다(핑거레트, 송영배 역, 1993). 따라서 예는 인간을 인간답게 성장시키는 데 없어서는 안 될 필수 요소다. 세상에 처음 태어날 때 다듬어지지 않은 충동과 욕구로 가득한 개인을 인간답게 성장시키고 사회의 일원으로 참여할 수 있는 역량을 키워 주는 힘이 바로 '예'에 담겨 있다. 공자는 이렇게 인간을 인간답게 만들어 주는 고유의 형식으로 '예'를 중요시하고 있다.

3. 인과 예의 관계

앞에서 필자는 편의상 '인'과 '예'를 따로 떼어 논하였다. 하지만 사실상 논어에서 '인'과 '예'는 서로 뗄 수 없는 덕목들로 제시되어 있다. "안연이 인을 물으니, 공자께서 나를 극복하고 예를 회복하면 인이 되니, 어느날 자신을 극복하고 예를 회복하면 천하가 인으로 돌아갈 것이다. 인을 이루는 것은 나로부터 비롯되는 것이니, 어찌 남으로부터 비롯될 것인가(안연, 1장)."라는 글에서 볼 수 있듯이, 공자에게 '인'과 '예'는 동전의 양면처럼 따로 뗄 수 없는 것이다. 그렇다면 이 둘의 관계를 어떻게 이해할 것인가?

박이문(2005)은 이 둘의 관계를 마음과 몸의 관계로 이해하고 있다. '인'은 내적 심성이고 '예'는 관습화된 가시적 행동양식이라는 것이다. "인이 눈으로 볼 수 없는 심성의 내용이라면, 예는 한 주체가 그것을 나타내고 그것이 구체적으로 밖에 나타나는 표현 양식이다. 인을 전제하지 않는 예가 있을 수 없는 것과 마찬가지로 예에 담기지 않은 인, 즉 실천되지 않은 인은 공허하다. 이런 점에서 인은 마음에 비유할 수 있고 예는 몸의 표현에 비유될 수 있으며, 인을 물건에 비유한다면 예는 그것을 담은 그릇에 해당한다(p. 157)."는 주장이다.

핑거레트(송영배 역, 1993)는 '인'과 '예'를 같은 것의 양면으로 보고 있다. 그에 의하면, '인'과 '예' 모두 인간을 인간답게 만드는 역할을 하는데, '예'가 사회적으로 통용되는 행동 양식과 관계맺는 방식에 관심을 기울인다면, 인은 예법에 어울리게 행위 하는 사람의 마음에 관심을 기울인다는 것이다. 즉, '예' 가 일종의 규범으로서 특정한 방식으로 행위할 것을 요구하는 형식이라면, '인' 은 인간답게 살아가기 위하여 '예' 에 규정된 대로 행동하겠다는 뜻과 의지라는 것이다. 요컨대 '인' 의 길은 '예' 속에 정의되어 있는 특정한 형식들을 통해서 상호간의 신뢰와 존중을 표현하는 데에 있다는 해석이다.

여기서 우리는 '인' 과 '예' 중 어느 것이 먼저 형성되는 것인지 따져 볼 필요가 있다. 방금 인용한 핑거레트의 관점에서 보면 '예' 는 '인' 에 선행한다. 다시 말하면 '예' 가 계발되는 범위 내에서 '인' 도 계발되며, '인' 은 '예' 안에서 자기 모습을 형성한다는 말이다. 이런 해석은 '인이 어려운 일을 한 뒤에 온다.' 는 논어의 언급이 뒷받침한다. '예' 는 하루아침에 배울 수 있는 것이 아니다. 한 사회에 통용되는 '예' 를 배우려면 상당히 오랜 기간 동안 훈련과 연습을 거쳐야 한다. 이 과정에서 인내와 노력이 필요한 것은 말할 필요도 없다. 이렇게 한 사회의 예법이 몸에 익을 때 '인' 은 비로소 '예' 를 통해 자연스럽게 표현될 수 있다. '공손한 행동' 을 예로 들어 보자. '인' 과 '예' 가 제대로 어우러진 '공손한 행동' 은 사람이 사회에 태어난 처음부터 가능한 행동이 아니다. 이런 행동이 가능하려면 상당한 시간이 흘러야 한다. 시간이 흐르면서 아동은 먼저 주변 사람들의 요구에 맞춰 공손하게 행동하는 법을 배우게 된다. 이 시점에서 아동은 왜 공손한 행동을 해야 하는지, 공손한 행동이 어떤 의미가 있는지도 모른 채 다만 공손하게 행동하는 법을 몸에 익힐 따름이다. 그러다가 성장하면서 서서히 공손한 행동의 의미와 가치를 깨우치게 된다. 이런 과정을 통해 마음속에 진실로 상대방을 존중하면서 공손하게 행동하는 일이 습관으로 자리잡아 간다. 이때 비로소 '인' 과 '예' 가 어우러진 '공손한 행동' 이 완성된다.

이렇게 보면 공자가 '예' 를 그렇게 강조한 이유를 알 수 있다. '예' 는 사람을 '인' 으로 이끄는 결정적 통로이며, 동시에 '인' 을 완성시키는 삶의 형식이기 때문이다. 공자의 사상을 이어 발전한 유교, 유교를 정치 · 사회철학으로 받아들인 조선 500년의 역사가 시시콜콜하고 지나치게 번다하다는 평가를 받을 만큼 '예'에 치우친 것도 실은 '인'을 형성하고 완성하는데 '예'가 수행하는 역할을 잘 알고 있었기 때문이다.

공자가 '예'를 강조한 이유를 다른 측면에서도 찾을 수 있다. 앞에 학자들이 주장한 대로 '인'이 심성의 내용이요 마음이고 의지라면, '인'은 순간 마음먹기에 따라서 즉시 실현 가능하다. 즉, 사람이 '인'하려고 마음먹기만 하면 즉시 '인'하게 될 수 있다(핑거레트, 송영배 역, 1993). 하지만 '예'는 그렇지 않다. '예'는 특별히 정해진 방법에 따라 행동할 것을 요구한다. 따라서 '예'에 맞는 행동을 하려면 오랫동안 훈련과 연습이 필요하다. 인사하는 행동을 예로 들어 보자. 누군가에게 인사하려고 마음먹는 일은 순간에 결정된다. 인사하기로 결정하기 위해서 꼭 여러 가지 정신적인 단계를 거칠 필요는 없다. 바로 그 자리에서 인사하기로 결정하면 그만이다. 하지만 예법에 맞는 인사를 제대로 하려면 특정 맥락에 알맞은 일련의 몸동작과 언어 표현을 사용해야 한다. 올바른 인사법을 익히는 데 교육과 훈련이 필요한 이유가 여기에 있다. 이렇게 보면 '예'는 '인'을 형성하고 '인'을 완성시키기 위한 전제 조건 내지는 수단으로서 특별한 교육적 가치를 지니고 있다. 문제는 '인'이라는 목적이 실종된 채 맹목적으로 '예'에 매달릴 때 발생한다.

'인'과 '예'는 그야말로 동전의 양면처럼 함께 작용할 때 가치가 있다. 하지만 이따금 '인'과 '예'가 불균형을 이룬 상황이 있을 수 있다. 첫째, '인'의 마음이 일어나지 않는데 습관적으로 예법에 맞게 행동하는 경우, 둘째, '인'에 역행하는 마음이 일어나는데 가식적으로 예법에 맞게 행동하는 경우, 셋째, '인'한 마음은 일어나는데 이를 적절하게 표현하는 방식을 모르는 경우 등이 그것이다. '인'과 '예'가 불균형을 이루는 이 세 가지 상황은 앞으로 상담에서 주목해야 할 부분이라고 판단된다.

4. 개인과 사회(또는 공동체)

개인과 사회의 관계는 앞으로 전개할 논의에 꼭 필요할 뿐 아니라 논어에 숨어 있는 중심 사상의 하나라고 여겨져 여기서 다루도록 한다.

논어에 '개인과 사회'라는 용어는 없다. 하지만 논어는 개인과 사회의 관계가 어떠해야 하는지 아주 분명한 입장을 견지하고 있다. 간단히 말하면 개인은 태어날 때부터 사회적인 존재이므로 사회 또는 사회 속에서 구성되는 관계와 따로 떼어 논할 필요가 없다는 입장이다.

그래서 그런지 공자가 강조한 덕목들은 모두 역동적이고 사회적인 것들이다(핑거레트, 송영배 역, 1993). '인', '예'는 말할 것도 없고 '충', '서', '신', '직', '강' 등 공자가 도덕적인 덕목으로 강조한 내용은 한결같이 타인들과의 관계에 초점을 맞추고 있다. 그렇다면 공자는 개인의 존재를 무시하고 있는 것인가? 결론부터 말하면 그렇지 않다. 그 이유를 말해 보자.

첫째, 앞에서 언급한 것처럼 공자는 '인'을 말할 때에 '자신에 대한 진실성'을 먼저 말하고 있다. '인'은 바로 자신에 대한 진실함과 솔직함으로부터 출발한다. 이렇게 출발한 '인'은 가장 가까이 있는 부모와 형제에게 적용되고, 점차 이웃과 공동체 사회로 그 범위를 넓혀 나간다. 또한 '인'은 개인 마음의 결단에 따라서 순간순간 결정되는 속성을 가지고 있다. 따라서 개인은 '인'의 출발점으로서, 그리고 '인'을 실행에 옮기는 동기원으로서 중요한 위치를 차지한다. '인'이 지향하는 최종 목표는 사회 전체이지만 그 처음은 언제나 개인에게서 비롯된다는 인식이 논어 곳곳에서 발견된다.

둘째, 공자의 도덕관을 살펴보면 사회적 규범과 이성적 판단보다 개인적 동기와 정서를 더 중요하게 여기는 사례들이 발견된다. "섭공이 공자에게 말했다. 우리 고장에 정직한 사람이 있으니, 그 아버지가 남의 양을 훔친 것을 아들이 증언했습니다. 공자께서 말씀하셨다. 우리 고장의 정직한 사람은 그와는 다릅니다.

아버지는 아들을 숨겨 주고, 아들은 아버지를 숨겨 주는데, 정직한 것은 그 가운데 있습니다." "요즈음의 효는 잘 공양하는 것을 말하는데, 개와 말도 길러 줌이 있으니, 어버이를 공경하지 않으면 무엇이 다르겠는가(자로, 18장)." 이런 구절에서 우리는 공자가 선/악 혹은 옳은/그름 등으로 표현되는 도덕적 가치는 논리적 및 이성적 사유 그리고 형식적 및 기계적 완벽성 이전에 극히 내밀한 각 개인의 느낌, 정서, 짙은 감정에 뿌리를 두어야 한다는 신념을 가지고 있음을 알게 된다(박이문, 2005). 이런 점에서 개인은 도덕적 판단과 행위의 주체로서 중요한 위치를 차지하고 있다. 아울러 공자가 '예'를 누구나 지켜야 할 고정된 형식이 아니라 개인과 사안에 따라 변화될 수 있는 살아 있는 대응양식으로 지각하고 있음을 엿볼 수 있다.

'인'의 출발점으로서, 그리고 도덕적 주체로서 개인을 이렇게 중시하였음에도 불구하고 왜 공자는 개인이 아니라 사회 또는 사회적 관계를 주로 언급하고 있을까? 여기에는 인간이 형성되어 가는 과정에 대한 공자

나름의 독특한 견해가 작용했을 법하다.

공자에 따르면, 인간은 미숙하게 태어난 원재료에 불과하다. 따라서 절차탁마의 과정을 거쳐 서서히 인간으로 완성되어 간다. 이 과정에 '예'가 수행하는 역할은 절대적이다. 말하는 법에서부터 어른을 대하는 일에까지 일일이 규정된 '예'를 따라 행동하도록 아동은 훈육을 받는다. 이런 과정을 통해 일정한 연령에 도달하게 되면(학문에 뜻을 두는 단계, 만 15세쯤) 이제 '예'를 통해 성취하려는 목적, 즉 '인'에 대한 학습이 시작된다. '인'에 대한 학습이 시작되면서 그동안 기계적 · 습관적으로 행하던 '예'에 개인적 판단을 가할 수 있는 역량이 추가되고, 그 결과 '인'과 '예'의 성숙한 단계로 진입한다. 이렇게 되면 지금까지 사회로부터 일방적으로 주어졌던 예법에 타율적으로 따르던 수준을 벗어나, 적극적으로 '예'에 참여하는 행위를 하게 되고, 이를 통해 자신 속에 숨겨진 인간성을 실현하는 수준으로 발전한다. 이렇게 성숙한 인간에게 개인과 사회의 구분은 의미가 없어진다(자신의 욕구에 따라 자유롭게 행동을 해도 사회적 예법에 어긋남이 없다는 종심소욕불유구의 단계, 만 70세쯤). 개인은 사회를 통해 자기의 인격을 실현하고 도덕을 완성하며, 사회는 개인을 통해 안정과 통합을 성취해 나가기 때문이다. 결국 개인과 사회는 상호모순이나 대립되는 관계가 아니라 유기적으로 연결되어 있는 관계다. 개인은 단순히 사회를 위하여 기능하는 부수적인 존재가 아니며, 사회 또한 개인들 위에 군림하는 초월적 존재가 아니다. 공자가 꿈꾸고 있는 이상 사회, 즉 정해진 예법에 따라 사람들이 자연스럽게 어우러지고 융합해 가는 사회 공동체 건설은 이렇게 가능하다(핑거레트, 송영배 역, 1993).

그런데 개인과 사회가 하나로 융합하는 이 과정에 주도적 역할을 하는 것은 사회다. 개인은 사회 공동체 속에 들어와 그 예법에 익숙해짐으로써 비로소 인간이 될 수 있다. 아울러 개인은 사회 공동체 속에 담겨 있는 다양한 덕목을 소화하고 이에 적극 참여함으로써 인간답게 성장하며, 다른 사람들과 자연스럽게 어우러질 수도 있다. 개인을 인간으로 형성하고 완성하는 데 사회의 역할이 이렇게 중요하기 때문에 공자는 사회를 주목할 수밖에 없었다고 판단된다.

3

논어에 제시된 사회생활의 원리

논어에는 공자가 사람과 제자들을 대하는 다양한 방법들이 소개되어 있다. 이 방법들 중에는 바람직한 사회생활의 원리는 물론이고, 공자가 제자들을 변화시키기 위하여 활용한 구체적인 원리와 전략들이 담겨 있다. 이들 중 필자의 눈에 들어오는 내용들을 뽑아서 정리해 보자. 앞으로 상담학이 집중적으로 관심을 가져야 할 부분이다.

1. 논어에 제시된 바람직한 사회생활의 원리

논어는 인간이 영원한 지혜로 삼을 수 있는 명구들이나 도덕적 경구들로 가득 차 있다(박이문, 2005). 하지만 이들을 일일이 살피며 의미를 찾아내는 일은 쉽지도 않을 뿐더러, 일정한 체계를 갖추고 이들을 재구성하지 않는 한 큰 가치를 찾기도 어렵다. 따라서 필자는 앞으로 상담학에서 중요하게 다룰 가능성이 있다고 판단되는 어구들을 중심으로 바람직한 사회 생활의 원리를 찾아 열거할 것이다. 여기서 제시하는 사회생활의 원리들 한가운데에 '인(仁)'이 있다. 달리 말하면, 이 모든 삶의 원리들은 궁극적으로 현실 생활에서 '인'을 실현하는 방법이요 수단이다. 이것이 사회생활의 원리 중에서 '인'을 지향하는 삶을 별도로 언급하지 않은 이유다.

1) 예절 지키기

공동체의 예절에 맞게 행동하는 일은 매우 중요하

다. 예절은 단지 수동적으로 따라야 할 사회규범일 뿐 아니라 적극적으로 참여하여 자신을 실현하는 자기 관리의 방법이기도 하다. 예절에 충실하면 동물적 욕구나 부도덕한 격정에 사로잡히지 않고 인간적인 삶을 살 수 있다. "자기 사욕을 이겨 예에 돌아감이 인을 하는 것이니, 하루 동안이라도 사욕을 이겨 예에 돌아가면 천하가 인을 허여하는 것이다…예에 맞지 않는 일은 보지 말 것이며, 예에 맞지 않는 말은 듣지 말 것이며, 예에 맞지 않는 말은 하지 말 것이며, 예에 맞지 않는 일은 하지 말 것이다(안연, 1장)."

2) 효제하기

앞에서도 언급한 것처럼 효제(孝悌)는 인을 행하는 근본으로서 매우 높은 가치를 인정받고 있다. 효제는 부모와 형제라는 혈연에 대한 유대의 정으로 시작된다. 따라서 사회생활의 기본은 혈연적으로 가까이 있는 부모와 형제에 대한 사랑과 공경에서 비롯된다. 그러나 효제의 개념이 가족에 머물지는 않는다. 이 정신은 가족의 범위를 벗어나서 점차 이웃과 공동체로 확산되어야 한다. 다만 효제의 정신이 실행될 때 친친(親親: 혈연적으로 가까이 있는 친족을 사랑하는 원칙)과 존존(尊尊: 존귀함/천함과 연령차에 따라 순서를 구분하는 등급의 원칙)의 원칙에 따라 각기 등급이 다른 사랑이 표현된다. 다시 말하면 사회적인 관계에서 사랑을 근본으로 삼되, 관계의 깊이에 따라 차등을 둔다는 것이다. 효제는 가장 친근한 혈연 관계로서 등급상 가장 우선되는 관계다. "효와 제는 인을 행하는 근본이다(학이, 2장)."

3) 충서로 대하기

충서(忠恕)는 인을 실현하는 구체적인 방법으로서 사회생활을 인도하는 중요한 원리다. 논어에는 충서가 공자의 여러 주장을 하나로 꿰뚫는 핵심 사상이라고 표현되어 있다. "참아! 우리 도는 한 가지 리가 만 가지 일을 꿰뚫고 있다." 하시니, 증자께서 "예."라고 대답하였다. 공자께서 나가시자, 문인들이 "무슨 말

입니까?" 하고 물으니, 증자께서 대답하셨다. "부자의 도는 충과 서일 뿐이다(이인, 15장)." 자공이 "한 말씀으로서 종신토록 행할 만한 것이 있습니까?" 하고 묻자, 공자께서 말씀하셨다. "그 서일 것이다. 자기가 하고자 하지 않는 것을 남에게 베풀지 말라는 것이다(위령공, 23장)." 자신이 대접받고 싶은 대로 남을 대접하고(충), 또 자신이 원치 않는 일을 남에게 강요하지 않는(서) 이 두 가지 태도는 더 말할 나위없이 사회적인 관계를 충실하게 하는 기본 원리에 속한다.

4) 의를 따르기

사람으로서 지켜야 할 바른 도리를 뜻하는 의(義)는 '인'과 더불어 공자가 제시한 대표적인 도덕적 원칙이다. 그러나 공자가 말하는 '의'는 모든 경우에 획일적으로 적용되는 기계적 원리가 아니라 상황에 따라 융통성 있게 적용될 수 있는 일종의 합리적 원리로 이해된다. "군자가 천하의 일에 대해서 반드시 어떻게 해야 한다는 규정도 없고, 또한 하지 말아야 한다는 규정도 없는데, 다만 어떻게 하는 것이 합리적으로 합당한지(義), 이에 따라 할 뿐이다(이인, 10장)." 반면 개인의 이익에 따른 일 처리는 의와 대비되는 행동 방식으로서 사람들로부터 원망을 사게 되므로 피해야 한다. "개인의 이익에 근거하여 행동하면 많은 원한을 불러들이게 될 것이다(이인, 12장)."

5) 배움 즐기기

공자는 배움을 즐기는(好學) 자세를 아주 중요하게 여겼다. 배움을 좋아하고 즐겨야 실수가 없을 뿐 아니라 사람들의 존경을 받으며 사람답게 살 수 있다고 여긴 것이다. 실제 공자의 삶은 호학하는 삶의 전형이기도 하다. "인만 좋아하고 배우기를 좋아하지 않으면 어리석게 되고, 지혜만 좋아하고 배우기를 좋아하지 않으면 호탕하게 되고, 믿음만 좋아하고 배우기를 좋아하지 않으면 급하게 되고, 용맹만 좋아하고 배우기를 좋아하지 않으면 어지럽게 되고, 강한 것만 좋아하고 배우기를 좋아하지 않으면 경솔하게 된다(양화, 8장)." "성실성만을 따진다면 나 같은 사람은 어느 마을에도 있다. 그러나 배우기를 좋아하는 점에서는 나는 그 누구에게도 뒤지지 않을 것이다(공야장, 28장)."

6) 배움 구하기

공자는 다른 사람의 의견을 잘 들었을 뿐 아니라 다른 사람으로부터 배우는 일을 게을리 하지 않았다. 못난 사람이든 잘난 사람이든 함께 하는 사람들에게서 배울 것이 있다고 생각하면 자신을 낮추고 겸손한 태도를 가질 수 있다. "…나는 참 행운아구나. 만약 내게 허물이 있으면 다른 사람들이 꼭 지적해 주니 말이다(술이, 30장)." "세 사람이 길을 감에 반드시 나의 스승이 있으니, 그중에 선한 자를 가려서 따르고, 선하지 못한 자를 가려서 자신의 잘못을 고쳐야 한다(술이, 21장)." "어진 사람을 보면 마땅히 그와 같이 하려고 하며, 어질지 못한 사람을 보면 곧 자신을 반성해야 한다(이인, 17장)."

7) 외모 예절 갖추기

공자는 적절한 사회적 행동을 하는 데 필요한 요소로 외모 예절을 강조하였다. 여기서 외모는 옷차림과 꾸밈새를 비롯하여 얼굴표정, 음성, 몸짓, 제스처, 태도와 자세 일체를 포함한다. "공자께서 집에서 한가로이 지낼 때에는 그 모습이 매우 가지런하고, 얼굴빛이 화락하시며, 심신이 편안하셨다(술이, 3장)." "군자에게 아홉 가지 생각하는 바가 있으니… 얼굴의 안색은 온화한가를 생각하고, 용모와 태도는 공손한가를 생각하고, 말은 충성스럽고 솔직한가를 생각하고…(계씨, 10장)." "…군자가 귀중히 여기는 도가 세 가지 있으니, 용모를 움직일 때는 사나움과 태만함을 멀리하며, 얼굴빛을 바룰 때에는 성실함에 가깝게 하며, 말과 소리를 낼 때에는 비루함과 도리에 위배되는 것을 멀리하여야 한다…(태백, 4장)."

8) 실력 배양하기

논어에는 다른 사람들로부터 인정받고자 하는 마음

을 경계하는 문구가 곳곳에 있다. 사람들로부터 인정받고 명성을 얻는 일은 추구한다고 해서 이루어지는 것이 아니라는 말이다. 인정과 명성을 획득하는 유일한 길은 스스로 실력을 쌓는 것이다. 그러므로 다른 데에 시간 낭비하지 말고 자신의 자질과 능력을 신장시키는 데 최선을 다해야 한다. 한 걸음 더 나아가 공자는 남의 시선을 의식하지 않고 자기 일을 하는 데서 만족할 줄 아는 법을 익히라고 충고한다. "직위가 없음을 근심하지 말고, 다만 직위를 맡을 자질이 없음을 근심하라. 자기를 알아주는 사람이 없음을 걱정하지 말고, 다른 사람들로 하여금 자기의 자질을 알 수 있도록 추구하라(이인, 14장)." "…남이 나를 알아주지 않아도 섭섭하게 생각하지 않으니, 어찌 군자가 아니겠는가(학이, 1장)?"

9) 허물 덮기

공자는 남의 허물을 관대하게 대하고, 또 남을 험담하는 일을 경계하였다. 다른 사람의 허물을 마음에 담고 있으면 언젠가는 터져 나오게 되고, 그 결과 다른 사람으로부터 원한을 사게 된다. 하물며 남을 나쁘게 말할 때 돌아오는 해악은 더 말할 것이 없다. "백이 숙제는 남이 과거에 저지른 과실을 마음속에 담아 두지 않았기 때문에 원망하는 사람이 적었다(공야장, 22장)." "…자신의 나쁜 점은 비판하되, 다른 사람의 나쁜 점은 비판하지 않으면 보이지 않는 원한을 없앨 수 있지 않겠느냐?…(안연, 21장)." "자공이 타인을 비교하여 비평하자, 공자가 말하기를, '자공은 어진가 보다! 나는 그럴 겨를이 없다' (헌문, 31장)."

10) 충고하기

공자는 친구 사이에 좋은 말로 충고하고 비평하는 일의 필요성을 인정하고 있다. 하지만 충고를 들을 준비가 되어 있지 않은 사람에게 무리하게 말하는 일은 그만두라고 한다. "서로 비평해 주고 화목하게 같이 살면 선비라 할 수 있을 것이다. 친구 사이에는 서로 비평해 주고, 형제간에는 화목하게 같이 사는 것이니라(자로, 28장).” 하지만 “충고를 통해 바른 길로 인도하되, 그가 듣지 않으면 그만두어라. 괜히 지나치게 충고하다 욕먹지 말아야 한다(안연, 23장).”

11) 선입견 배제하기

사람들을 만날 때 선입견을 가지지 말고 맑고 순수한 마음으로 대하는 일도 중요하다. 어떤 선입견을 가지고 사람을 만나면 그 사람의 본래 모습이 잘 보이지 않게 되므로 여러 가지 오해와 실수가 생기기 쉽다. 따라서 공자는 다른 사람을 만날 때 항상 자신을 비우고 투명한 자세로 임할 것을 당부하였다. “미리 다른 사람이 나를 속이지 않을까 의심하지 말고, 또 아무런 근거 없이 다른 사람이 믿음직하지 못할까 미리 추측하지 말라(헌문, 33장).” 그리고 사람들의 과거 허물에 집착하지 말고 항상 새롭게 만날 것을 강조하였다. “호향의 사람들은 더불어 이야기하기가 힘든 사람들인데, 그곳 아이를 공자께서 만나주셨다. 제자가 의아스러워하자, 공자께서 말씀하셨다. ‘찾아온 사람은 상대해 주고, 틀어박혀 있는 자는 상대해 주지 않는다. 어찌 오로지 심하게만 하랴. 누구든지 자기를 비우고 찾아오면 그 깨끗함에 나는 상대를 한다. 그 사람의 지나간 일에까지는 힘이 미치지 못하지만' (술이, 28장)".

12) 분노 다스리기

공자는 분노를 다른 사람에게 전이하지 않는 안연의 태도를 높이 평가하고 있다. 학문이 깊으면 분노까지도 충분히 관리할 수 있다고 본 것이다. 그러나 공자 스스로 여러 차례 분노를 표출하고 있는 것으로 보아서 분노를 완전히 무시한 것은 아닌 것 같다. 다만 절제되지 않은 분노 표현을 경계한 것으로 보인다. "안회라는 자가 학문을 좋아하고, 분노를 남에게 전이하지 않으며, 한 번 범한 잘못을 두 번 저지르지 않았는데, 불행히도 단명하여 죽었다(옹야, 2장)." "…분노가 치밀어오를 때에는 어떤 후환이 있을 것인가를 생각하고…(계씨, 10장)."

2. 공자가 활용한 인간 변화의 원리와 전략

공자는 사상가이며 동시에 교육자, 상담자로서 제자들과 그를 따르는 사람들에게 가르침을 베풀고 상담에 임하였다. 공자의 삶 그리고 그의 가르침과 상담을 더듬어 보면 대화하는 상대를 변화시키기 위한 다양한 원리와 전략이 들어 있음을 알 수 있다. 공자의 가르침대로 온고지신하는 자세로 이 원리와 전략을 깊이 음미하면 현대 상담에 적용할 수 있는 다양한 시사점을 얻을 수 있을 것이다. 공자가 활용한 인간 변화의 원리와 전략을 사람을 대하는 태도와 변화 전략으로 나누어 살펴보자. 이 내용의 상당 부분은 앞에 제시한 사회생활의 원리와 중복될 수 있다.

1) 사람을 대하는 태도

· **상호존중하는 태도**: 공자는 제자들과 말할 때에도 반드시 상대방의 의견을 존중했다. 그 결과 사제 간에 일종의 분위기가 조성되었다. 대개는 먼저

공자가 제자에게 질문을 던지고 그에 따라 제자들이 공자의 의견을 구하는 형식의 대화가 전개되었다(이장지, 조명준 역, 1985). "안연과 자로가 공자를 모시고 있었는데, 공자가 말하기를, '어찌 너희 각자의 뜻을 말하지 않는가?' 자로가 말하기를 '수레와 말 및 가벼운 가죽옷을 친구와 함께 쓰다가 해지더라도 유감이 없고자 합니다.' 안연이 말하기를, '자신의 장점을 자랑하지 않고, 공로를 과시하지도 않고자 합니다.' 자로가 말하기를, '선생님 뜻을 듣고자 합니다.' 공자가 말하기를 '늙은이는 편안하게 해 주고, 친구에게는 믿음을 주고, 젊은이는 감싸 주고자 한다' (공야장, 25장)."

· **독선을 경계하는 태도**: 공자가 제자를 지도할 때 가장 꺼린 것은 독선이었다. 그는 다음 네 가지를 근절해야 한다고 말하고 있다. 첫째, 주관적으로 억측하는 일, 둘째, 자기 사고를 억지로 관철하는 일, 셋째, 하나의 판단에 고집하는 일, 넷째, 자기 형편만을 생각하는 일이 그것이다. "공자는 네 가

지의 마음이 전혀 없으셨으니, 사사로운 뜻이 없으셨으며, 기필하는 마음이 없으셨으며, 집착하는 마음이 없으셨으며, 이기심이 없으셨다(자한, 4장)"

- **투명하게 자기를 개방하는 태도**: 공자는 제자들을 지도할 때 자신의 생각과 경험을 숨김없이 드러내었다. 자신의 경험 또는 자신이 거친 과정을 숨김없이 개방함으로써 뒤를 따르는 제자들이 구체적으로 실행해야 할 방법을 열어서 보여 주었다. "그대들은 내가 무엇을 숨긴다고 생각하는가? 나는 그대들에게 숨기는 것이 없다. 행하고서 그대들에게 보여 주지 않는 것이 없는 사람이 바로 나 공자다(술이, 21)", "나는 나면서부터 안 자가 아니라 옛 것을 좋아하여 급급히 그것을 구한 자다(술이, 19장)", "내가 박식하다는 소문은 사실은 잘못된 것이다. 나는 다만 질문자가 너무나 무지하여 무엇을 듣고 싶은지 요령부득일 때 여러 가지로 되풀이하여 물어서 의문점을 부각시켜 줄 뿐이다(자

한, 7장)."

· **모범이 되는 태도**: 공자는 스스로 끊임없이 학습하는 태도를 견지함으로써 제자들에게 살아 있는 모범이 되었다. "성실성만을 따진다면 나 같은 사람은 어느 마을에도 있다. 그러나 배우기를 좋아하는 점에서는 나는 그 누구에게도 뒤지지 않을 것이다(공야장, 27)." "이 정도의 높이일 것이라고 나는 생각했었다. 그러나 선생님은 그보다 훨씬 높은 곳에 있었다. 내가 자신을 가지고 따져도 선생님은 끄덕 없었다. 앞에서 잡았다고 생각한 순간에 어느새 배후에 서 계셨다. 선생님의 가르침은 학문에 의한 확충과 예의 실천에 의한 집약으로 성립되고 있었고, 극히 합리적이고 자연적이었다. 나는 피곤해서 체념하려 했지만 이상하게도 체념할 수 없었다. 나는 전력을 다했다. 그러고 나서 선생님을 바라보면 더욱더 높이 솟아 있었다. 그 높이에서 나는 도저히 미칠 수 없었다(자한, 10)."

· **관찰하는 태도**: 공자는 다른 사람과 어울릴 때 무턱

대고 반응하지 않고 먼저 살피고 관찰하는 자세가 필요함을 역설하였다. 사람을 살필 때 그가 현재 어떠한 행위를 하고 있는지, 그리고 어떠한 동기에 의하여 그러한 행위가 유발되었으며, 또 어떠한 역사적 과정을 밟아 왔는지, 그리고 그 행위의 지향점, 즉 목표나 이상으로 삼는 가치가 무엇인지를 살피라고 하였다. 이 세 가지 측면을 모두 살필 때 비로소 그 인간의 행위와 그 행위 주체의 인격 전모가 숨길 수 없이 드러나게 된다는 것이다(김용옥, 2001). "공자가 말하기를, 그 행하는 바를 보고, 그 말미암은 바를 따지며, 그 지향하는 바를 살핀다면, 사람들이 어찌 자신을 숨길 수 있으리오! 사람들이 어찌 자신을 숨길 수 있으리오(위정, 10장)."

2) 변화 전략

· **개성에 맞는 처방**: 공자는 제자를 교육할 때 상대의 개성을 존중했다. 공자는 제자의 성격과 이해

력 그리고 제자가 처한 상황에 따라 동일한 질문에 대해서도 각기 다른 처방을 내리고 있다. "언젠가 자로가 공자에게 물었다. '유익한 가르침을 들으면 즉시 실행해야 하나요?' 공자는 대답했다. '부형이 있을 터인데, 어찌 네 판단만으로 행하려 하느냐? 부형에게 상의함이 없이 실행해서는 안 된다.' 염유도 같은 질문을 했다. '유익한 가르침을 들으면 즉시 실행해야 하나요?' 그러나 공자는 '그렇게 해야 한다.'고 자로에게 대답한 것과 다르게 대답했다. 옆에서 듣고 있던 공서화는 석연치 않았다. 그래서 자세히 묻자, 공자는 이렇게 대답하는 것이었다. '염유는 소극적이다. 그래서 적극성을 추구했다. 자로는 남의 일까지 하려고 한다. 그래서 뒤로 물러서게 한 것이다' (선진, 21장)."

· **타이밍에 맞는 충고와 조언:** 공자는 충고와 조언을 남발하지 않고 제자가 이를 받아들일 준비가 되어 있거나, 또는 이를 받아 향상될 조건을 갖추었을

때 제시하였다. "자기 힘으로 목적지 일보 직전까지 가서 힘들어하는 그런 상대가 아니면 힌트를 주지 않는다. 말하고자 하는 뜻은 있으되, 표현이 잘 되지 않는 경우에만 원조의 손을 내밀어 준다. 이쪽에서 하나의 보기를 던져 주었을 때 즉각 다른 유추를 추출할 만큼 예민하지 못하면 그 이상의 지도는 보류할 수밖에 없다(술이, 8장)."

· **사고 폭을 넓혀 가는 문답법**: 공자는 어떤 주제에 대해 제자의 사고가 충분히 계발되지 않았다고 여기면 제자로 하여금 다르게 생각할 여지를 주어 사고를 발전시키도록 이끌었다. "자공이 묻기를, '마을 사람들로부터 호감을 살 만한 인물이라면 더할 나위 없으리라고 생각합니다만.' '글쎄 어떨는지.' 공자가 이렇게 대답하자, 자공은 '그렇다면 미움을 받는 쪽이 차라리 나을까요?' 라고 다시 묻는다. '그것도 어떨는지, 마을의 착한 사람으로부터는 호감을 사고 나쁜 놈들로부터는 미움을 사는 그런 인물이어야 하지' (자로, 24장)".

· **비유법**: 공자는 함축성과 상징성이 풍부한 비유를 즐겨 사용하였다. "묘목에도 묘목에 그치고 싹이 트지 않는 것이 있다. 싹은 틀지라도 싹에 그치고 열매를 맺지 못하는 것이 있다(자한, 21장)." "날씨가 추워진 뒤에야 소나무와 잣나무가 뒤늦게 시듦을 알 수 있다(자한, 27장)." "모난 술그릇이 모나지 않으면 모난 술그릇이라고 할 수 있겠는가. 모난 술그릇이라고 할 수 있겠는가(옹야, 23장)."

· **독서와 사색**: 공자는 독서와 사색 양면을 모두 중시했지만, 두 가지 중에서 상대적으로 독서를 보다 중시하였다. "독서에만 열중해서 사색을 게을리하면 지식을 얻지 못한다. 사색에만 열중하고 독서를 게을리하면 독선적인 인간이 된다(위정, 15장)." "내 경험에 의하면, 밤낮을 가리지 않고 침식을 잊고 사색을 해 봤자 큰 수확은 얻을 수 없었다. 역시 독서를 통해서 선인에게서 배우는 것이 첩경이었다(위령공, 31장)."

· **꾸중과 칭찬**: 공자는 학습을 게을리하거나 어울리

지 않는 행동을 하는 제자에게 엄한 꾸중과 비판을 하였다. 그런가 하면 칭찬 또한 아끼지 않았다. 현대 심리학적 용어로 보상과 벌을 적절히 활용한 것이다. 재여가 낮잠을 자자, 공자께서 말씀하셨다. "썩은 나무는 조각할 수 없고, 거름흙으로 쌓은 담장은 흙손질할 수가 없다. 내 재여에 대하여 꾸짖을 것이 있겠는가?(공야장, 9장)"라고 하였으며, 자기 만족에 빠진 자로에게는 "그 정도로는 아직 부족하다(자한, 26장)."고 비판하였다. 한편, "자공은 비로소 더불어 시를 말할 만하구나! 지나간 것을 말해 주자, 올 것을 아는구나(학이, 15장)." "효성스럽다, 민자건이여! 사람들이 그 부모형제의 칭찬하는 말에 트집잡지 못하는구나!(선진, 4장)" "도를 말해 주면 게을리하지 않는 자는 그 안연일 것이다(자한, 19장)."고 칭찬하였다.

· **반복학습**: 공자는 반복학습을 강조하였다. 반복하면 숙달할 수 있고 숙달하면 창조가 가능하다고 본 것이다. "학습한 것을 반복하여 복습하면서 터

득해 나간다. 이것은 무상의 기쁨이 아닐 수 없다(학이, 1장)." "나는 날마다 세 가지로 내 몸을 살피노니, 남을 위하여 일을 도모해 줌에 충성스럽지 못한가? 붕우와 더불어 사귐에 성실하지 못한가? 전수받은 것을 복습하지 않는가? 이다." "옛것을 잊지 않고 새것을 알면 스승이 될 수 있다(위정, 11장)."

- **역사인물 비평**: 공자는 또 역사적으로 유명한 인물들을 예로 들어 제자들을 교육하였다. 공자께서 말씀하셨다. "진문공은 속이고 바르지 않으며, 제환공은 바르고 속이지 않았다(헌문, 16장)." "관중이 환공을 도와 제후의 패자가 되어 한 번 천하를 바로잡아 백성들이 지금까지 그 혜택을 받고 있으니, 관중이 없었다면 나는 그 머리를 풀고 옷깃을 왼편으로 하는 오랑캐가 되었을 것이다(헌문, 18장)." "위대하시다! 순임금과 우임금은 천하를 소유하시고도 그것을 관여치 않았으니(태백, 17장)."
- **시, 음악, 예절**: 공자는 교육 내용으로 시, 음악 그

리고 예절 세 가지를 중시하였다. 인격을 함양하고 교양을 쌓는 수단으로서 문학과 예술 교육의 가치를 인정한 것이다. 공자 스스로도 예절은 물론이고 시와 음악에 깊은 조예를 지니고 있었다. "시로써 인간적인 감흥을 일으키고, 예로써 인격의 내용을 충실케 하고, 음악을 배움으로써 완성에 도달한다(태백, 8장)." "종고의 악기소리는 화가 났을 때 그것으로 조절하면 씩씩해지고, 근심스러울 때 조절하면 슬퍼지고, 기쁠 때 그것으로 조절하면 즐겁게 된다. 그 뜻이 변하면 그 소리 또한 바뀐다(천웨이핑, 2002)." "시 삼백을 한 마디로 말하면, 생각에 사악함이 없다(위정, 2장)."

· **자기주도성 격려**: 공자는 학습에 임하는 제자들의 적극적인 태도와 자세를 중시하였다. 배우고 실천하며 그 성취를 판단하는 주체가 다름 아닌 자기 자신이라는 점을 강조한 것이다. 아울러 스스로 한계를 설정하여 최선을 다하지 않는 자세 역시 경계하였다. "인이 먼 곳에 떨어져 있는가? 내가

인을 실현하고자 하면 그 인은 바로 다가오는 것이다(술이, 29장).” “…남이 나를 알아주지 않아도 섭섭하게 생각하지 않으니, 어찌 군자가 아니겠는가?” “…인의 실천이 나에게 달려 있지, 남에게 달려 있는 것이 아니다(안연, 1장).” “염구가 말하기를, ‘선생님의 도를 좋아하지 않는 것은 아니지만 의지와 능력이 부족합니다.’ 공자가 말하기를, ‘의지와 능력이 부족한 사람은 중도에서 그만두게 되는 법인데, 지금 너는 한계를 스스로 설정하고서 노력하지 않는구나’ (옹야, 10장).” “사람이 도를 넓히는 것이요, 도가 사람을 넓히는 것은 아니다(위령공, 28장).”

· **내적 동기화**: 공자도 내적 동기의 중요성을 잘 인식하고 있었다. 자기주도적으로 학습에 임할지라도 내적 동기 수준이 얼마나 높은가에 따라 성취하는 수준 역시 달라질 수밖에 없다. 그리하여 공자는 한 단계 상승할 수 있는 비결로 동기화 수준을 높일 것을 권하고 있다. “도를 자각한 자가 도

를 좋아하는 자보다 못하고, 도를 좋아하는 자가 도를 즐기는 자보다 못하다(옹야, 18장)."

· **인품 대조법**: 공자는 군자와 소인을 극적으로 대비시키면서 제자들이 지향해야 할 이상적인 인격과 행동 모형을 설정해놓았다. '군자'를 이상적인 모델로, '소인'을 기피해야 할 모델로 설정해놓았기 때문에 이 공동체에 속한 제자들은 소인이 되지 않고 군자를 닮기 위하여 최선의 노력을 다할 수밖에 없었다. "군자는 자기에게서 찾고 소인은 남에게서 찾는다(위령공, 20장)." "군자는 두루 사랑하면서 편당을 이루지 않고, 소인은 편당을 이루면서 두루 사랑하지 않는다(위정, 14장)." "군자는 태연하되 교만하지 않고, 소인은 교만하되 태연하지 않다(자로, 26장)." "군자는 평탄하여 여유가 있고, 소인은 항상 걱정스러워 한다(술이, 36장)."

· **제자 비평**: 공자는 여기저기에서 제자들의 인품과 행동거지를 평하고 있다. 제자들에 대한 공자의 평은 당연히 제자들의 귀에 들어가서 그들을 반성

하게 하고, 또 새롭게 정진케 하는 역할을 감당했다고 판단된다. "덕행에는 안연 · 민자건 · 염백우 · 중궁이었고, 언어에는 재아 · 자공이었고, 정사에는 염유 · 계로였고, 문학에는 자유 · 자하였다(선진, 2장)." "…사는 지나치고, 상은 미치지 못한다(선진, 15장)." "시는 어리석고, 삼은 노둔하고, 사는 한쪽만 잘하고, 유는 거칠다(선진, 17장)." "안회는 도에 가까웠고 자주 끼니를 굶었다(선진, 18장)."

· **점층법**: 공자는 제자들과 문답할 때 한 단계씩 수준을 높이거나 심화시키는 전략을 많이 사용하였다. 한편으로는 어떤 주제에 대한 제자의 현재 사고를 드러내면서, 동시에 앞으로 지향해야 할 목표를 제시하는 방식을 취한 것이다. "자로가 군자에 관하여 물었다. 공자가 말하기를, '몸을 닦아 공경해야 한다.' 자로가 말하기를, '그렇게만 하면 됩니까?' 공자가 말하기를, '몸을 닦아 사람을 편안하게 해야 한다.' 자로가 말하기를, '그렇게

만 하면 됩니까?' 공자가 말하기를, '몸을 닦아 백성을 편안하게 해야 한다. 몸을 닦아 백성을 편안하게 한다는 것은 요순도 아마 실천하기 어려웠을 것이다' (헌문, 45장)."

4

논어가 현대 상담에 주는 시사점

논어에서 공자와 제자가 대화하는 장면은 현대 상담과 매우 닮아 있다. 공자와 제자들이 함께 앉거나 길을 가면서 크고 작은 인생사에 대해 질문과 답을 하고, 또 대화와 토론을 거쳐 문제를 해결하며 인격적으로 성장·발달해 가는 과정은 기본적으로 현대 상담과 크게 다르지 않다. 이런 사실은 논어를 깊이 분석할수록 분명해진다. 앞에서 살핀대로 사람을 변화시키기 위해 공자가 활용한 원리와 전략은 현대 상담/심리 치료의 주요 이론들과 아주 흡사하다. 예를 들어, 공자가 취한 상호 존중의 태도, 투명하게 자기를 개방하는 태도, 모범이 되는 태도, 관찰하는 태도는 현대 상담(인본주의 상담)에서 상담자가 청담자와 라포를 형성하기 위하여 취해야 한다고 주장하는 기본 태도(무조건적으로 존중하는 태도, 진정어린 태도, 공감하는 태도)와 별반 다르지 않다. 논어에 소개된 변화 전략 역시 마찬가지다. 이렇게 보면 현대 상담이 개발해놓은 지식의 상당 부분은 이미 논어에 언급되어 있다고 주장할 수도 있다. 그러나 이런 주장은 거꾸로, 이제 와서 논어를 찾는 의미를 퇴색시킬 수도 있다. 현대 상담에서 이미 밝혀진 내용들이 논어에 들어 있다는 사실이 현대 상담에 기여하는 바가 별로 없다는 반박이 가능하기 때문이다. 하지만 다음 논의에서 보겠지만, 논어에는 현대 상담이 밝혀놓은 지식 이외에 상담 지식을 발전시킬 만한 새로운 요소들이 들어 있다. 이 지식들을 발굴하여 잘 다듬는다면 논어의 상담적 가치는 충분히 입증될 수 있다. 논어에 담겨 있는 생각이 한국인들에게 아직도 중요한 영향을 미치고 있다는 점을 고려한다면, 논어에 담겨 있는 상담적 요소를 찾아 이를 현대 상담의 하나로 발전시키는 작업이 결코 허망한 일은 아닐 것이다.

여기서 또 하나 지적할 사항은 현대 상담에서 그토록 중요하게 여기는 상담 지식들이 2,500여 년 전에 출판된 논어에 이미 담겨 있음에도 불구하고, 그동안 논어가 상담학자들로부터 외면당해 왔다는 사실이다. 필자는 현대 상담이 외국, 그중에서도 특히 미국에서 출발하였다는 사실을 부인하지 않지만, 우리나라에 상담이 수입된 이래 거의 예외 없이(불교 상담을 제외하고) 미국 상담계에서 발견된 지식을 국내에 소개하기에 급급했던 한국 상담계는 반성해야 한다고 생각한다. 논어에 담긴 지식이 현대 상담에서 발견한 지식과 상당 부분 유사하다는 사실은 논어의 상담적 가치를 퇴색시키는 것이 아니라 오히려 논어의 상담적 가치를 한없이 드높이는 증거가 된다. 현대에 들어와서 비로소 밝혀내기 시작한 상담 지식들을 이미 2,500여 년 전에 생활 지식으로 선포한 논어는 얼마나 위대한 인류의 유산인가? 다만 상담을 공부하는 사람들의 눈길이 여기에 미치지 않아 밝혀지지 않았을 따름이다. 이제라도 늦지 않다. 앞으로 상담을 공부하는 젊은 학도들이 논어를 비롯하여 한국인에게 영향을 준 다양한 우리 자료들을 뒤져 한국인에게 잘 들어맞는 한국적 상담을 개발해 나가기 바란다.

1. 가족에 대한 개입과 상담

개인 상담이건 집단 상담이건 상담을 하다보면 청담자들의 삶에 정말 중요한 요소가 가족임을 알 수 있다. 조금 파고 들어가면 청담자들이 해결을 원하는 대부분의 상담 과제가 인간 관계와 관련이 있고, 그중에서도 가족 관계가 특히 중요한 위치를 차지하고 있다. 정상적인 경우 대부분의 사람은 가족 속에서 태어나서 가족 속에서 성장하다가 가족의 품을 떠나는 과정을 거친다. 특히 한국 사회에서는 가족과 맺는 깊은 유대 관계가 세상을 떠날 때까지 지속된다. 그렇기 때문에 가족이 개인에게 미치는 영향은 그야말로 절대적이다.

필자가 상담한 청담자들은 거의 한결같이 다른 가족 구성원들과 모종의 문제를 지니고 있었다. 성장하는 과정에서 가족구성원과 겪은 갈등이 풀리지 않은 상태로 남아 있는 경우도 있고, 현재 가족 문제로 괴로워하는 경우도 있고, 가족으로부터 배워 습관화된 대인 관계 양식이 여타 사회 관계에 잘 통하지 않아 고민하는 경우도 있다. 어쨌든 가족은 개인의 내면에서 항상 살아 움직이는 영향력을 행사하고 있다. 특히 모든 관계 중에서 가족 관계를 가장 중시하는 한국 사회에서는 더욱 그렇다.

한국 사회에서 가족은 다른 모든 관계에 우선한다. 그리하여 사람이 사람답게 살기 위한 첫 번째 조건으로 부모에게 효도하고 형제를 사랑하는 효제가 꼽힌다. 부, 명예, 권력이 넘치더라도 효제를 제대로 하지 못하는 사람은 손가락질을 당하고, 반대로 가진 것이 없더라도 효제를 충실히 하는 사람은 훌륭한 사람이라고 추켜세운다. 시대가 변해서 효제에도 변화가 생겼지만, 자세히 들여다보면 효제하는 방식이 달라진 것이지, 효제라는 사회윤리의 중요성 자체가 바뀐 것은 아니다. 부모를 홀대하는 자녀의 이야기가 아직도 신문에 대서특필되는 현실을 보면 효제의 가치가 지금도 생생하게 살아 있음을 알아챌 수 있다. 그렇기 때문에 한국인의 뇌리에 부모를 공경하고 형제자매를 사랑해야 한다는 의식은 일종의 종교처럼 뿌리 깊이 박혀 있다. 부모에게 효도를 하지 못한다든가 형제와 불편한 관계에 처하게 되면 내면에 깊은 상처를 받는 이유가 여기에 있다. 그렇게 되는 것이 무서워 성인이 되어서도 불평 한 마디 않고 끙끙 앓으며 참고 사는 경우도 드물지 않다. 공자의 효제 사상이 현대 한국 사회에서 유감없이 실현되고 있는 모습이다.

문제는 효제를 제대로 하고 싶은데 상황이 어렵게 꼬일 때 발생한다. 부모님이 부모님답지 않게, 또는 형제자매가 형제자매답지 않게 행동할 때가 문제다. 부모님다운 행동, 형제자매다운 행동을 일일이 열거할 필요는 없다. 다만 가족구성원들의 행동에 대해 우리 사회에서 공식·비공식으로 합의하고 있는 예절이 존재한다는 사실은 분명하다.

이런 상황에 대해서 종래 유교적 해석은 항상 문제를 아랫사람에게서 찾고, 그 해결책도 아랫사람에게서 찾으려고 하였다. 아무리 윗사람(부모와 형)이 잘못했다 하더라도 그 허물을 탓하는 대신 오히려 자신이 부족함을 반성하라는 처방이다. 말은 그럴듯해도 사람들의 가슴에 전혀 와 닿지 않는 소리다. 유교식 처방이 별 설득력 없는 공염불에 떨어진 이유는 이처럼 상황을 고려하지 않는 수직적이고 경직된 대응 방식에서 찾을 수 있다.

그러나 논어에 나오는 공자는 그렇게 일방적이지도 경직되지도 않았다. 그에게 예절은 살아 있는 형식으로서 상황과 장면에 따라 유연성 있게 적용되어야 할 상호적 표현 방식이었다. 즉, '예'는 누구나 지켜야 할 고정된 형식이 아니라 개인과 사안에 따라 변화될 수 있는 살아 있는 대응 양식이어야 한다(박이문, 2005). 원래 '예'는 '인'을 달성하는 수단적 가치를 가지고 있으므로 '인'을 성취할 수 있다면 상황과 사안에 따라 이를 적절하게 조절하고 변용하는 일이 어느 정도 가능하다고 본 것이다.

그렇다면 윗사람에게 문제가 있어서 아랫사람이 정상적인 예절을 지키기 어려울 때 어떻게 하는 것이 공자의 입장을 제대로 반영하는 것일까? 먼저 공자는 "부모를 섬기되 은미하게 간해야 하니, 부모의 뜻이 내 말을 따르지 않음을 보고서도 더욱 공경하고 어기지 않으며, 수고롭되 원망하지 않아야 한다(이인, 18장)."고 말하고 있다. 부모(윗사람)가 부모답지 않은 언행을 할 때 일단 부모의 마음을 거스르지 않으면서 할 말을 하되, 부모가 듣지 않는다고 해서 거역하는 마음을 품지 말고, 한층 정성을 다하여 섬기라고 한다. 여기서 우리는 예절을 어긴 부모를 대하는 자녀의 태도가 어떠해야 하는지 중요한 단서를 찾을 수 있다. 일단 부모가 예절에 어긋나는 행동을 하면 속으로만 앓지 말고 그것이 옳지 않음을 드러내 표현하는 일이 중요하다. 부모가 한 행동이므로 무엇이든 다 받아들이지 말고 아닌 것은 아니라고 말할 수 있어야 한다. 다만

'아니' 라고 표현하고 부모의 잘못을 지적할 때 주의할 사항이 하나 있다. 절대 지나쳐서는 안 된다. 논어에는 사람 사귀는 법으로 "충심으로 권고하고 잘 인도하되, 상대방이 말을 듣고 따르지 않으면 그만두어 스스로 욕되지 않아야 한다(안연, 23장)." "임금을 섬기면서 구찮을 정도로 간하면 욕을 당하고, 친구 간에 자주 충고하면 소원해진다(이인, 26장)."라는 말이 있는데, 이 원리는 부모를 대할 때도 똑같이 적용된다. 부모의 잘못을 지적하되, 그 횟수나 강도가 지나치면 부모-자녀의 관계에 근본적인 손상이 간다. 따라서 부모가 행동을 고치지 않으면 간절한 마음으로 몇 번 반복해 지적하다가 적절한 수준에서 멈출 필요가 있다. 그리고 그것이 부모의 선택이라는 사실을 받아들인다. 비록 잘못된 결정이더라도 부모가 이를 선택했다는 사실을 인정하는 자세가 바로 부모의 인격을 존중하고 공경하는 자세다. 그러나 부모의 선택을 존중한다는 말이 부모의 선택에 동의하고 따른다는 말은 아니다. 비록 부모가 고집하니까 그 선택을 그들의 것으로 인정하기는 하지만, 그것이 잘못되었다고 판단하는 나의 마음까지 내버릴 수는 없다. 따라서 '예'에 어긋나는 부모의 행동에 대해서 어느 정도 선을 긋게 된다. 그러니 속으로 힘이 들고 수고로워질 수밖에 없고, 때로는 부모에게 섭섭한 마음이 들 수도 있다. 상황이 이렇게 전개되면 부모-자식 간에 어느 정도 거리가 생기는 일은 어쩔 수 없다. 더구나 부모가 자기 말을 따르지 않는다고 자녀를 다그치기라도 하면 상황은 더 나빠진다. 그렇다고 해서 부모를 원망하면 서로가 돌이킬 수 없는 강을 건너게 될 가능성이 높다. 그것보다는 어느 정도 거리를 유지하면서 부모의 행동이 변화되기를 기다리는 편이 훨씬 더 낫다. 여기서 필자는 '죄는 미워하되 죄인은 미워하지 말라,' 즉 사람의 존재와 행동을 분리해서 판단하라는 어구를 생각하게 된다. 부모는 생명의 은인으로서 자녀들로부터 영원히 사랑과 존중을 받을 만한 자격이 있다. 그렇다고 부모가 세상에서 행하는 모든 일이 다 옳은 것은 아니다. 따라서 자녀된 입장에서 부모를 대할 때에도 인격과 행동을 분리시킬 필요가 있다. 특히 부모가 부모다운 행동을 제대로 하지 못할 정도로 미성숙할 때, 또는 부모 자체가 자녀에게 스트레스가 되고 성장을 방해하는 요소로 작용할 때 이 필요성은 더 시급하다고 말할 수 있다.

이렇게 보면 부모가 부모다움을 지키는 일은 자녀가 자녀다움을 지키는 일 못지않게 중요한 주제가 된다. 부모-자녀의 예절은 아래(자녀)로부터 위(부모)로 흐르는 상향 예절뿐 아니라 위(부모)로부터 아래(자녀)로 흐르는 하향 예절도 중요하다는 점, 자녀가 부모에게 부모답게 행동할 것을 요구할 수 있다는 점, 그리고 부모-자녀가 처한 개별적 상황에 따라 다양하게 적용되어야 한다는 점 등이 함께 고려되어야 한다. 논어도 이렇게 해석되고, 현대라는 상황이 이런 예절 관계를 요구함에도 불구하고 윗사람-아랫사람 또는 부모-자녀 관계에 있어서 한국인의 머릿속에는 아직도 상향적, 일방적, 획일적 예절이 자리잡고 있다는 사실을 우리는 진지하게 되돌아볼 필요가 있다. 한국인들이 가족과 겪는 갈등이 대부분 여기에 있다고 보이기 때문이다. 이 부분은 앞으로 상담이 주목해야 할 대목이다.

지금까지 부모가 부모다운 예절에 어긋나게 행동할 때 자녀가 어떻게 처신하는 것이 좋을지 논어의 입장에서 해석해 보았다. 그렇다면 이 입장에서 실제 부모-자녀 사이의 예절 문제로 고민하고 있는 청담자를 상담자는 어떻게 상담할 수 있을까?

첫째, 부모에게 드러내 '간하지' 못하고 마음에 쌓아두었던 앙금들을 상담자 앞에서 과감하게 털어놓게 한다. 흔히 부모나 윗사람의 언행에 자녀가 이의를 제기하면 부모는 '버르장머리 없이 대든다.' 고 생각하여 야단을 친다. 이러다보니, 웬만해서는 부모에게 감히 자기 의견을 말하지 않게 되고 이것이 습관으로 굳어진다. 그러나 표현을 하지 않는다고 해서 마음속까지 깨끗해지지는 않는다. 펄스가 말한 미완성 과제처럼 마음 한켠에 부모에 대한 석연치 않은 감정이 늘 남게 되고, 그리하여 부모에게 거리감을 느끼게 된다. 상담에서는 우선 부모와 풀지 못한 이 감정을 털어 내도록 한다. 그동안 부모에게 하지 못했던 말, 하고 싶었던 말을 마음껏 하면서 쌓였던 스트레스를 풀어 낸다. 이 과정에서 상상 기법, 역할놀이 등이 활용될 수 있다.

둘째, 부모의 인격과 행동을 구분하도록 돕는다. 생명을 준 부모에게 감사하고 그의 인격을 존중하는 일은 자녀로서 평생 지켜야 할 자세이지만, 그렇다고 부모의 잘못된 행동을 무조건 받아들이는 것은 옳지 못하다. 내 부모이지만 잘한 것은 잘한 것이고, 잘못한 것은 잘못한 것이다. 부모의 잘못된 행동이 분명 문제가 됨에도 불구하고 이를 억지로 무시하려고 하면 부작용이 생기기 마련이다. 부모의 인격과 행동이 모순될 때 흔히 자녀는 마음속에 혼란과 죄의식을 느낄 수 있다. 부모를 존경해야 한다는 생각으로 부모의 잘못된 행동을 덮고 따르자니 그렇고, 그렇다고 부모의 뜻을 무시하자니 마음이 편치 않기 때문이다. 따라서 이 둘을 명확하게 구분하고 각각의 경우에 달리 대응하는 역량을 키울 필요가 있다. 언제나 부모는 사랑할 대상이지만 부모의 행동은 그렇지 않다. 부모가 부모다운 예절에 맞지 않는 행동을 할 때 이를 분명하게 가려내고 자신이 어떻게 처신할지 판단할 수 있어야 한다. 이를 위하여 상담자는 청담자의 지적인 사고력을 키우는 작업을 할 수 있다. 이 과정에 최근 유행하는 인지 상담 전략과 기법들이 좋은 수단이 될 수 있다.

셋째, 부모에게 '간할 말'이 있을 때 묻어 두지 말고 이를 적절하게 표현할 수 있는 능력을 키운다. 논어에서도 부모에게 할 말이 있을 때 이를 표현하라고 권하였다. 다만 '은미하게,' 즉 부모의 마음이 상하지 않도록 예절에 맞게끔 표현하라고 하였다. 상담에서 의사소통은 매우 중요하게 다루어진다. 서로의 마음을 잘 주고받으려면 상대방의 말을 잘 듣고 자신의 뜻을 잘 표현해야 하기 때문이다. 흔히 의사소통 능력이 부족해서 갈등이 증폭되는 경우가 많다. 할 말을 제대로 하지 못하거나, 또는 원래 그러려고 한 뜻이 아니었는데도 결과적으로 상대방 기분을 상하게 하는 경우다. 여기에 의사소통 능력을 키우는 연습과 훈련이 필요하다. 부모와의 관계에서 쓸데없는 갈등을 줄이고, 또 정상적으로 자기 의사를 표현할 수 있도록 상담자는 청담자와 더불어 가족 예절에 맞게 말하고 듣는 법을 연습시키도록 한다. 이 과정에 대화 전략과 기법, 의사소통 기술 프로그램들이 유용하게 활용될 수 있다.

넷째, 부모와 자녀를 함께 초청하여 가족 상담을 실시한다. 가족구성원들이 함께 모여 서로 대화를 나누다보면 가족구성원들의 욕구가 무엇인지, 이 욕구를 충족시키기 위하여 상대방을 어떻게 대하는지, 또 구체적으로 어떤 대화 예절을 사용하는지 생생하게 확인할 수 있다. 상담자는 이를 바탕으로 문제를 진단하고 가족구성원들의 맺힌 마음을 풀어 내면서 각자 자기가 처한 위상과 역할에 맞게(예절에 맞게) 상호작용할 수 있는 방법을 안내하도록 한다.

가족에 대한 개념과 생활 방식이 한국인과 현격히 다른 서양에서도 일찌감치 가족의 중요성이 인식되어 왔고, 이에 대한 관심은 오늘날 가족 상담 또는 가족 치료라는 형태로 발전했다(김용태, 2000; 김유숙, 2000). 그런데 이들 서구에서 발전한 가족 상담에서도 가족구성원들이 예절에 맞게 상호작용하는 것이 매우 중요함을 지적하고 있다. 이를테면 가족 상담에서 사용하는 가족 체제, 위계질서, 통합체, 경계선 등의 개념들은 정상적인 가족으로 기능하기 위하여 가족구성원들 사이에 지켜져야 할 예절의 중요성을 나타내고 있다(Bowen, 1990; Minuchin, 1974; Nichols & Schwartz, 1998). 이런 점에서 우리는 공자가 통찰한 가족 예절의 중요성을 새롭게 조명할 필요가 있다. 좁게는 가족 내에서 발생하는 문제에서부터, 넓게는 가족의 일상적인 관계까지 공자가 주장한 예절에 입각하여 개입해 들어갈 수 있는 방법과 전략을 탐구하고 발전시키자는 말이다.

2. 사회적 관계에 대한 개입과 상담

사람이 사람답게 성장하는 데 사회가 끼치는 영향력은 더할 나위 없이 크다. 현대적인 용어로 표현한다면 사람은 사회 속에서 '구성되는 존재'라고 말할 수도 있다. 개인의 인격과 특성에 유전이 주는 영향을 무시할 수 없겠지만, 이를 구체적인 모습으로 실현시키는 역할은 바로 사회가 담당한다. 동일한 유전인자를 가지고 태어난 쌍둥이도 환경이 다르고 문화가 다른 곳에서 성장하면 전혀 다른 사람이 되는 이유가 바로 여기에 있다. 우리가 잘 아는 늑대 소년의 이야기는 개인의 인격을 형성하는 데 사회가 얼마나 중요한 역할을 하는지 잘 보여 준다.

개인에게 미치는 사회의 역할과 영향력에 대하여 공자는 잘 알고 있었다. 그리하여 그가 제시한 바람직한 삶의 원리와 전략 및 기법들은 거의 모두 사회적 관계에 초점이 맞추어져 있다. 앞에 뽑아 본 삶의 원리들, 즉 예절 지키기, 효제하기, 충서로 대하기, 의를 따르기, 배움 즐기기, 배움 구하기, 외모 예절 갖추기, 실력 배양하기, 허물 덮기, 충고하기, 선입견 배제하기, 분노 다스리기 등은 모두 사회적 관계를 바람직하게 형성하고 유지하기 위한 기초적인 원리들이다. 또 공자가 사람들을 변화시키기 위해 활용한 전략과 기법들도 모두 사회적 관계의 개선과 향상에 목적을 두고 있다.

그런데 공자가 제시한 이러한 삶의 원리들은 오늘날 한국 사회를 살아가는 사람들에게도 공자의 시대와 똑같이 중요한 가치를 차지하고 있다. 예를 들어, 사회적인 관계에서 사랑을 근본으로 삼되, 관계의 깊이에 따라 차등을 둔다는 '친친존존(親親尊尊)'의 원리는 현대 한국인들이 내집단과 외집단을 구분하고 자신이 상대하는 사람이 그중 어디에 속하는지에 따라 전혀 다르게 대우하는 관계 양식에서 찾을 수 있다(박성희, 2001). 이처럼 공자가 제시한 바람직한 삶의 원리들은 시대를 넘어 현대 한국인의 사고와 행동 방식에 영향을 미치고 있다. 따라서 논어에 제시된 삶의 원리들, 그 중에서도 특히 현대 한국인의 사고와 행동 방식에 깊은 영향을 미치고 있는 원리들을 분석하고 이를 현대인의 삶에 도움이 되는 방향으로 손질하는 작업이 필요하다.

이 글에서는 논어에 제시된 삶의 원리들을 일일이

검토할 여유가 없으므로 이후의 탐구 과제로 남겨 둔다. 다만 논어에 제시된 삶의 원리들이 궁극적으로는 공자가 제시한 '인'을 실현하기 위한 수단인 '예'라는 전제 아래, 목적인 '인'과 수단인 '예' 사이의 불균형 관계를 중심으로 상담에서 앞으로 생각해야 할 거리를 정리한다.

목적인 '인'과 수단인 '예'는 함께 작용할 때 가치가 있다. 하지만 앞에서 말했듯이, '인'과 '예'가 불균형을 이룬 상태, 즉 '인'이 빠진 '예', '예'가 빠진 '인'이 있을 수 있다. '인'과 '예'가 불균형을 이룬 상태는 여러 가지 유형으로 나뉠 수 있겠지만, 그중 상담에서 관심을 가질 만한 유형에 대하여 살펴보도록 한다. 물론 여기서 다루는 사회적 관계는 한두 번 스쳐 지나가는 표피적인 관계가 아니라 개인에게 의미 있는 깊은 관계라는 점을 전제한다.

첫째, '인'에 역행하는 마음이 일어나는데도 가식적으로 '예'에 맞게 행동하는 유형이다. 예를 들어, 담임선생님이 밉지만 이를 억누르고 공손하게 대하는 경우다. 이 유형에 속하는 청담자가 느낄 만한 대표적인 심리 특성은 '갈등'이다. 마음(속)과 행동(겉)이 일치되지 못함으로써 심리적인 혼란을 겪는 것이다. 마음과 행동이 일치하지 않는 데에는 여러 가지 이유가 있을 수 있지만, 그로 인해 청담자가 갈등 상태에 있다는 사실, 그리고 이 갈등 상태가 오래 지속되는 것이 좋지 않다는 사실은 분명하다. 여기에 상담자의 개입이 필요하다. 상담자가 이 유형에 개입할 수 있는 방식은 크게 두 가지다. '인'에 역행하는 마음을 다루는 방법과 가식적인 행동을 벗어버리고 솔직하게 행동하도록 돕는 방법이다. 담임선생님에 대하여 가지고 있는 미운 감정을 탐색하고 접촉하고 이해하고 해소하는 방향으로 돕는 방법이 전자에 속한다면, 자신의 진정성을 회복하고 담임선생님에게 자신의 마음을 솔직하게 표현하도록 돕는 방법이 후자에 속한다. 상담자가 이 두 가지 역할을 동시에 수행해야 할 때도 있을 것이다.

둘째, '인' 하는 마음은 일어나는데, 예절에 맞게 이를 표현하지 못하는 유형이다. 예를 들어, 담임선생님을 도와주고 싶은데 이를 어떻게 표현할지 모르거나, 선생님을 도우려고 한 말과 행동이 잘못되어 오히려 문제가 되는 경우다. 이 유형에 속하는 청담자에게 부족한 점은 의사소통 능력이다. 따라서 상담자는 이들에게 상대방의 마음을 정확하게 읽는 법, 상대방이 처한 상황을 이해하는 법, 상대방의 마음에 들게 자신을 표현하는 법, 상황과 맥락에 맞게 자신의 언행을 조절하는 법 등을 가르칠 필요가 있다. 공자처럼 말하자면, 이들에게는 때와 장소에 맞는 예절을 가르쳐야 한다. 상대방에게 잘하고 싶고 그렇게 행동하기를 원하는데, 이상하게도 상대방이 싫은 것처럼 행동하는 경우도 있다. 이럴 때는 청담자의 무의식 세계를 좀 더 깊이 파고드는 심층 상담이 필요하다.

셋째, '인' 하는 마음이 일어나지 않는데, 습관적으로 '예'에 맞게 행동하는 유형이다. 담임선생님에게 별다른 마음을 가지고 있지 않지만 습관적으로 공손하게 인사하는 경우다. 이 유형에 속하는 청담자들은 아직 자신의 행동에 담긴 의미를 충분히 이해하지 못하고 있다. 따라서 이들에게는 예에 맞는 행동이 왜 필요한지 자각하도록 이끌 필요가 있다. 청담자가 인에 대해 잘 이해하지 못할 뿐 아니라, 설명해도 어려워한다면 스스로 성숙할 때까지 습관적으로 예에 맞는 행동을 하도록 내버려둘 수도 있다. 다만 인이 없는 습관적인 예절이 몸에 익으면 성장해서도 다른 사람의 말을 거절하지 못하는 소위 '예스맨'으로 성장할 가능성이 있음을 염두에 두고 적절하게 개입할 시기를 잘 판단해야 한다.

3. 상담자가 갖추어야 할 인격

상담자와 청담자로 이루어지는 상담 관계는 다른 전문 활동과 구분되는 독특한 특성이 있다. 상담 관계는 그 뿌리를 '나-너'라는 인격적 관계에 두고 있다. 청담자의 문제 해결과 성장을 돕는 상담자의 역할은 상담자-청담자의 인격적 관계 위에서 수행된다. 상담이 청담자에게 도움이 되려면 상담자는 청담자의 존재 전체를 얼싸안고 청담자의 전인격을 자신의 것으로 체험해야 한다. 그러기 위해서 상담자는 자기 존재 전체를 청담자에게 열어야 한다. 이렇게 상호 개방과 얼싸안음을 통해서 상담자–청담자 간에 막힘없는 소통이 이루어질 때 비로소 온전한 상담 관계가 구축되고 바람직한 변화가 일어날 수 있다(박성희, 2001).

그런데 자신을 개방하고 청담자를 얼싸안는 상담자에게 상담 관계는 전문적일 뿐 아니라 일상적인 삶에 똑같이 적용되는 관계여야 한다. 다시 말해서 상담자가 일상생활 속에서 맺는 관계 양식과 전문 상담 활동을 전개할 때 맺는 관계 양식이 같아야 한다는 말이다. '생활 세계 곳곳에서 사람들의 바람직한 변화를 돕는 과정' 이 상담이라면, 상담자에게 생활 세계와 상담 세계는 같은 것의 다른 표현에 불과하며, 생활 세계 곳곳에 흩뿌려져 상담자의 참여를 기다리는 모든 관계는 곧 상담 관계로 탈바꿈하게 된다. 그렇다면 상담자는 모든 사람을 대할 때 상호 개방과 얼싸안음을 바탕으로 인격적인 만남을 추구해야 한다. 상담자의 인격적 성숙이 중요한 이유가 여기에 있다.

논어 속에 그려진 공자는 이상적인 상담자의 모습 그대로다. 공자는 제자들에게 자신의 생각과 느낌, 장점과 허물을 활짝 열어 보여 주었고, 아울러 제자들의 성장을 위해서 자신의 시간과 에너지를 아낌없이 투자하고 있다. 그리고 이런 과정을 통해서 공자와 제자들은 함께 성장해 간다. 공자가 제자들을 감화시킨 밑바탕에는 이 같은 인격적 관계가 자리하고 있다. 다시 말해 공자와 제자들 사이에 상호 개방과 얼싸안음의 관계가 제대로 형성되어 있었던 것이다. 이 바탕 위에서 공자는 제자들의 개성과 역량에 어울리는 상담을 전개하였다.

인격적인 측면에서 또 하나 주목할 것은 언행이 일치하는 공자의 행보다. 공자는 말과 실천이 하나로 관통되는 삶을 살았다. 예를 들어, 공자는 끊임없이 '인'과 '예'가 중요함을 말로 강조하고 있는데, 실제 자신의 일상생활에서도 '인' 하는 마음을 '예'에 맞게 표현하는 모범을 보이고 있다. 공자 스스로 행동이 따라주지 못하고 말에만 의존하는 공허한 가르침은 그 효과가 적고 말과 행동이 하나로 일치할 때 강력한 호소력이 있다고 주장하였는데, 공자는 자신의 삶을 통해 이 주장을 그대로 실천해 나갔다. 공자가 제자들에게 끼친 가장 큰 영향력은 아마도 살아 있는 모범으로 보여 준 행동하는 삶에서 찾을 수 있을 것이다(한지영, 2006).

논어에서 보듯, 상담자의 인품과 인격은 상담 과정과 상담 효과에 커다란 영향을 주는 중요한 요인이다. 상담 관계가 기본적으로 인격적 만남을 전제하고 있고, 또 청담자의 성장이 상담 관계 속에서 이루어진다는 점을 고려하면, 상담 관계를 주도하는 상담자의 인격은 더할 나위없이 중요한 요소임을 알 수 있다. 사실 상담자가 가진 상담 기술은 상담자가 가진 인격적 토대 위에서 그 효과를 발휘할 수 있다. 상담은 기술 중심의 전문 활동이 아니라 삶을 나누는 관계 중심의 활동이기 때문이다. 그러므로 상담자가 자기 인격을 관리하고 인격적 성장을 위해서 끊임없이 노력하는 자세를 갖는 일은 상담자 개인의 삶을 위해서, 그리고 상담을 상담답게 이끌어 가기 위해서 꼭 필요한 요소임을 잊지 말아야 한다. 이런 점에서 일찌감치 선구적 상담자 역할을 수행했던 공자의 행적이 놀라울 따름이다.

상담 활동에 종사하는 전문상담자들은 '인격'이라는 차원에서 자신의 삶을 냉정하게 되돌아볼 필요가 있다. 혹시 상담 관계에서 전문적 상담을 할 때와 상담실을 떠난 일상생활에서 맺는 관계의 모습이 다른지 검토해 볼 일이다. 만일 두 관계에서 현격한 차이가 발견된다면 이는 상담자로서 자신의 전문성에 심각한 문제가 있음을 지적하는 것이다. 흔히 유명하다고 알려진 상담자들 중 전혀 '인격적'이지 않은 대인 관계를 유지하는 사람들이 있다. 이들이 유지하는 스승-제자 관계, 동료 관계, 부부 관계 등을 들여다보면 상담자라는 이름을 붙이기 부끄러울 정도로 파괴적이고 비인격적인 요소들이 가득하다. 상담자의 삶과 상담이 하나로 통일되어 있음을 모르는 데서 비롯된 어리석은 행태다. 앞으로 상담학계에 상담자의 인격에 관한 논의가 활성화될 필요가 있다. 이 논의에 공자는 좋은 출발점이 될 수 있다.

4. 청담자의 발달 과업

상담을 잘 하려면 청담자의 발달과 발달 과업을 적절히 고려해야 한다. 청담자들의 발달 수준이 다르기 때문에 초등학교 아동에 대한 상담과 성인에 대한 상담에서 다루는 내용과 방법에 차이가 있을 수밖에 없다. 이런 이유로 상담자들은 인간의 발달과 성장에 대한 정보를 중요하게 다룬다.

인간의 발달 그리고 일정한 연령대에 성취해야 할 발달 과업에 대한 정보는 이미 상당한 정도로 확보되어 있다. 프로이트의 심리성적 발달 단계, 에릭슨의 심리사회적 발달 단계, 콜버그의 도덕적 발달 단계, 불러의 목표지향 발달 단계, 헤비거스트의 단계별 발달 과업, 피아제의 인지 발달 단계, 브루너의 학습 발달 단계, 이성진의 한국인의 발달 특성(2005) 등 인간의 발달 단계와 발달 과업에 대해서는 이미 많은 이론과 실증 연구들이 쌓여 있고, 상담자들에 의하여 활용되고 있다.

공자 역시 인간의 발달에 대한 단계적 사고를 제시하고 있다. 그런데 공자가 제시한 발달 단계는 여타 발달 이론과 다른 특징을 가지고 있다. 지금까지 발표된 발달 단계, 발달 과업 이론들은 주로 인간의 지적, 정서적, 행동적, 신체적, 생리적, 성격적, 사회적, 영성적 측면에 초점을 맞추었는데, 공자는 보다 종합적이고 전체적인 '인격'에 초점을 맞추고 있다. 이 '인격'은 앞의 여러 가지 측면을 통합하는 주체로서 한 개인이 삶 전체를 관통하며 이끌어야 할 삶의 철학 내지는 발달 과업으로 제시되기도 한다. 따라서 이 발달 단계는 성장하며 성취해야 할 이상적인 목표로서, 그리고 개인의 인격적 성취 수준을 가늠하는 평가 기준으로서 활용될 수 있다. 그렇다면 우리는 공자가 제시하는 각 발달 단계의 의미를 자세히 분석하고 이를 현대인의 삶과 관련짓는 작업을 시도할 필요가 있다.

공자는 자신이 성장한 발달 단계를 '학문에 뜻을 둠(志學, 15세)'→'홀로 섬(而立, 30세)'→'의심없음(不惑, 40세)'→'하늘뜻을 앎(知天命, 50세)'→'사리를 깨달음(耳順, 60세)'→'자연법칙에 거스름이 없음(從心所慾不踰矩, 70세)' 등 여섯 단계로 구분하고 있다. 이 여섯 단계는 공자의 성장 과정을 나타낸 것이기도 하지만, 바람직한 인격을 갖추어 가는 일반적인 성장 과정을 나타낸 것으로 해석할 수 있다.

여기에서 공자가 제시한 여섯 가지 발달 단계 중 첫 번째에 해당하는 '학문에 뜻을 둠'이 현대 상담에 주는 시사점을 간단하게 이야기해 보자. 공자는 열다섯 살에 학문에 뜻을 둔다고 하였는데, 여기서 '학문'은 도(道), 즉 '살아야 할 길'을 말하고 '뜻을 둔다' 함은 '생각을 여기에 두어 하기를 싫어하지 아니한다.'는 의미로 풀이된다. 다시 말해 '학문에 뜻을 둔다.' 함은 자신이 살아야 할 방향을 설정하고 즐겁게 그 길을 간다는 뜻으로 해석된다(성백요, 1994).

인생 방향을 설정하고 즐거운 마음으로 그에 헌신하는 삶의 시작을 공자는 15세에 시작되는 것으로 보았다. 그러니까 15세가 되면 본격적으로 삶의 진로를 정하고 그에 뛰어들어야 한다는 말이다. 요즘 말로 바꾸면 15세 이전에는 이것저것 다양한 진로를 탐색하고 준비하다가 15세가 되면 진로를 확정하고 그에 몰입해 들어가라는 것이다. 15세면 한국에서 학생들이 중학교를 졸업하고 고등학교에 갓 입학하는 나이이다.

공자의 사고에 따르면, 현재 고등학생이 되는 15세를 기준으로 그 전후 학생들의 삶은 판이한 양상을 띠고 전개되어야 할 것 같다. 먼저 태어나서부터 15세까지 아동은 공동체의 사회규범에 맞는 예를 배우고 사람답게 사는 법을 익힌다. 그러면서 비교적 자유롭게 자신과 세상에 대한 다양한 탐색을 통해 서서히 자신이 누구인지 정체감을 형성하고 자신이 즐겁게 종사할 일의 세계를 알아 간다. 15세가 되면 자신의 진로를 결정하고 그 분야에 헌신하는 삶을 시작한다. 이때는 단순히 일의 세계뿐 아니라 자신의 삶과 관련된 다양한 영역에서 홀로서기를 연습하는 기간이기도 하다. 그동안 환경으로부터 또는 외부로부터 주어지는 것들을 수용하고 받아들이는 수동적 차원에서 삶이 이루어졌다면, 이때부터는 자신이 주인이 되어 선택하고 결정하고 주도하는 능동적 차원으로 삶의 모습이 달라진다.

15세를 전후로 학생의 삶이 달라지면 그에 응하는 상담의 모습 역시 달라질 수밖에 없다. 15세 전 학생에 대한 상담이 주로 자아정체성을 형성하고 진로를 탐색·준비하는 일을 돕는 데 초점을 맞춘다면, 15세 후 학생에 대한 상담은 자신의 삶에 헌신하고 홀로서기를 돕는 데에 초점을 맞추게 될 것이다.

지금까지 간단하게 공자가 제시한 첫 번째 발달 단계의 특성과 그에 따라 상담의 모습이 어떻게 달라질지 살펴보았다. 이러한 작업은 앞으로 더 깊이 있게 전개되어야 한다. 이를 위하여 공자의 발달 단계에 규정된 연령 구분이 현대에도 타당한지, 각 단계에 규정된 발달 과업이 현대 한국인에게 적합한지, 그리고 각 발달 단계의 특성이 현대 한국 사회에 어떤 의미를 갖는지 등을 규명하는 연구들이 선행될 필요가 있다.

5. 상담 전략과 기법

앞에서 필자는 논어에서 발견할 수 있는 변화 전략과 기법을 정리한 바 있다. 이 전략과 기법 중 상당수는 현대 상담에서도 즐겨 활용되고 있다. 예를 들어, '독서와 사색'은 현대에 활용되고 있는 독서 상담/치료와, '사고폭을 넓혀 가는 문답법'과 '비유법'은 인지 상담/치료와, '시'는 문학 상담/치료와, '음악'은 음악 상담/치료와 같은 내용이다. 그 밖에 '개성에 맞는 처방', '자기주도성 격려', '내적 동기화', '반복학습', '점층법', '꾸중과 칭찬' 역시 현대 상담에서 중요시하고 있는 전략들이다.

한편, '타이밍에 맞는 조언과 충고', '역사인물 비

평', '제자 비평', '인품 대조법' 등은 비교적 새로운 전략으로서 앞으로 탐구가 필요한 내용이다.

일반적으로 현대 상담에서는 조언과 충고를 별로 활용하지 않는다. 이 방법이 청담자의 자기주도성을 빼앗고 수동적인 태도를 강화한다고 보기 때문이다. 하지만 우리나라를 포함한 동양권에서 조언과 충고를 구하는 풍토는 매우 보편화되어 있다(이동렬 · 박성희, 2006). 따라서 충고와 조언을 무조건 백안시할 것이 아니라 이들이 효과를 낼 수 있도록 적절한 장치를 마련할 필요가 있다. 논어에는 공자가 제자들에게 충고하고 조언하는 장면이 많이 나온다. 이때 공자는 적절한 타이밍을 중요시하고 있다. 아무리 좋은 충고와 조언도 청담자가 절박한 필요성을 느끼지 않을 때 주어지면 효과가 떨어진다. 따라서 충고와 조언이 청담자에게 꼭 필요할 때, 또는 청담자가 충고와 조언을 간절히 원할 때 이를 제시하는 것이 좋다. 성철 스님이 조언을 듣기 위해 찾아온 사람들에게 삼천 배를 요구한 것처럼, 때로는 충고와 조언의 가치를 높이기 위해서 청담자에게 특별한 요구를 할 수도 있다. 상담 전략으로서 충고와 조언의 가치는 새롭게 평가될 필요가 있으며, 이런 점에서 논어는 중요한 참고 자료가 될 수 있다.

'역사인물 비평' 전략도 상담에서 활용할 만하다. 한 시대를 살아간 실제 인물의 행적과 사상을 연구하고 이를 자신의 삶과 비교함으로써 여러 가지 문제 상황을 돌파하는 역량이라든가, 삶의 지침이 될 만한 철학과 가치를 배울 수 있다. '역사인물 비평'이 단순한 역사 공부와 다른 것은 '역사인물 비평'은 역사인물을 자신이 처한 구체적인 상황과 대비시키면서 배울 점을 찾아간다. 그러니까 역사인물에 대한 객관적인 지식을 공부하는 것이 아니라 역사인물의 삶을 자신의 삶과 결부시켜 실천에 도움이 되는 실용적 지식을 배워 가는 것이다. 앞으로 이 부분 역시 상담 전략으로 가다듬을 가치가 있다.

'제자 비평' 전략은 제자들의 현재 모습을 있는 그대로 평해 주는 일종의 형성 평가다. 제자들의 장점과 단점, 잘하는 것과 못하는 것, 성격 특성, 인격 수준 등을 평가해 줌으로써 제자들로 하여금 자신의 현주소를 확인하고 보다 나은 모습으로 서기 위해 정진하도록 이끌어 주는 전략이다. 공자는 제자 비평을 할 때 숨김없이 아주 솔직한 자세를 취하고 있다. 드러낼 허물이 있으면 주저하지 않고 드러내었고, 칭찬할 점이 있으면 아낌없이 칭찬하였다. 물론 스승의 비평에 불만을 가진 제자들이 있었겠지만, 그 비평에 담긴 공자의 진정성은 이런 불만을 접을 수 있었을 것이다. 상담 관계에서도 상담자는 이따금 청담자의 현재 모습을 숨김없이 드러낼 필요가 있다. '즉시성 반응'과 '직면 반응'을 포함하여 좀 더 과감하게 청담자의 인격과 행동을 평가해 줌으로써 청담자 스스로 자신을 돌이켜 반성할 수 있는 기회를 갖도록 하는 것이다. 상담자의 진정성이 전제된다면 좀 더 직접적이고 노골적으로 청담자를 평가하는 일도 고려해 볼 여지가 있다.

'인품 대조법'에서 공자는 군자와 소인을 대비시켜 놓고 제자들이 지행해야 할 이상적인 성품과 행동 모형을 설정해놓았다. 논어에는 군자의 성품과 행동 특성을 상당히 상세하게 기술하고 있다. 제자들이 성취해야 할 목표가 아주 뚜렷하게 제시된 셈이다. 상담에서도 '인품 대조법'의 원리를 활용할 수 있다고 여겨진다. 공자처럼 '군자'와 '소인'으로 명시하지 않더라도 청담자가 닮아야 할 성품과 행동, 그리고 멀리해야 할 할 성품과 행동을 정해놓고 스스로 자기 규율을 하도록 돕는 것이다. 이렇게 해놓으면 청담자는 상담 장면과 일상생활 장면에 모두 적용될 수 있는 뚜렷한 목표를 가질 수 있다는 장점이 있다. 이 전략은 특히 문제 상담의 경우보다 성장 상담에서 활용 가치가 높다고 여겨진다.

5

맺음말

다소 거칠기는 하지만 논어에 담긴 상담적 요소를 정리해보았다. 다른 글을 쓰면서도 그랬지만 이 글을 쓰면서도 비슷한 느낌이 들었다. 우리는 우리가 가진 유산을 너무 소홀히 대하고 있다. 과거가 아니라 현재 우리의 삶에 생생하게 영향을 미치고 있는 우리 고유의 사상과 철학과 문화와 생활양식을 일부러 외면하는 듯한 생각마저 든다. 상담에서는 특히 더 심하다. 하루 빨리 개선되어야 할 현실이다.

이제 공자와 마주앉아 상담하는 장면을 상상해 본

다. 공자는 무언가 도움을 받기 위해 찾아온 나를 즐겁게 맞아 준다. 그리고 내 안색을 살피고 말을 들으면서 찬찬히 나를 관찰하기 시작한다. 내 이야기가 끝나자, 공자는 이것저것 질문을 한다. 내가 가진 문제의식의 철저함, 현재 내가 성취해야 할 발달 과업, 내가 구성하고 있는 사회적 관계의 특징, 내 사고 양식의 특성 등을 이모저모 진단한다. 내 말을 충분히 듣고 나에 대한 전체적인 모습이 그려지면 공자는 비교적 단호하고 직설적인 방법으로 나에게 처방을 내린다. 처방의 내용은 위로일 수도 있고, 충고일 수도 있고, 격려일 수도 있고, 꾸중일 수도 있고, 평가일 수도 있지만 대부분 공자는 자신의 생각과 느낌을 숨기지 않고 직선적으로 표현한다. 공자의 처방은 나의 마음을 감동시키는 묘한 힘이 들어 있다. 공자의 인격에서 우러나오는 힘인지, 나를 위한 공자의 진정성이 느껴져서인지는 모르지만, 공자의 말씀에 따라 나를 변화시키겠다는 의지가 내면 깊숙한 곳에서 솟아오른다. 공자와의 만남은 정말로 나를 인격적으로 성숙시키고 있다.

공자와 내가 둘이 만나 상담하는 장면을 그려 보았더니, 이는 2,500여 년 전 실제로 공자가 제자들과 만나서 실행하던 모습 그대로다. 공자는 이미 자기 시대에 상담을 실천하며 살고 있었던 것이다. 공자의 말씀에 '옛것을 익혀 새롭게 창조한다.'는 말이 있다. 이제 우리는 우리 안에 있는 옛것들에 주의를 기울여서 현대에 맞는 모습으로 이를 재구성할 때가 되었다. 논어와 상담을 관련짓는 작업은 이런 점에서 의미가 크다.

| 참고문헌 |

김용옥(2001). 도올논어 1. 서울: 통나무.

김용옥(2002). 도올논어 2. 서울: 통나무.

김용태(2000). 가족치료이론. 서울: 학지사.

김유숙(2000). 가족상담. 서울: 학지사.

박성희(2001). 상담의 새로운 패러다임. 서울: 학지사.

박이문(2005). 논어의 논리: 철학적 재구성. 서울: 문학과 지성사.

성백요(1994). 논어집주. 서울: 전통문화연구소.

양백준(1997). 논어역주. 서울: 중문.

왕방웅, 증소욱, 양조한(황갑연 역, 2002). 논어철학. 서울: 서광사.

이동렬, 박성희(2006). 새내기 상담가를 위한 상담과 심리치료. 서울: 교육과학사.

이성진(2005). 한국인의 성장 발달: 30년 종단연구.

이장지(조명준 역, 1985). 인간공자: 현대 중국은 공자를 어떻게 평가하는가? 서울: 한겨레.

천웨이핑(신창호 역, 2002). 공자평전. 서울: 미다스북스.

한지영(2006). 논어에 나타난 상담 개념분석. 청주교육대학교 교육대학원 석사학위논문.

허버트 핑거레트(송영배 역, 1993). 공자의 철학: 서양에서 바라본 예에 대한 새로운 이해. 서울: 서광사.

Bowen, M. (1990). *Family therapy in clinical practice.*

Northvale and London: Jason Aronson INC.
Nichols, M. P., & Schwartz, R. C. (1998). *Family therapy: concepts and methods*. Bosteon and London: Allyn and Bacon.
Minuchin, S. (1974). *Families and family therapy*. Cambridge: Harvard University Press.

저자 소개

박성희

1957년 서울 출생
서울대학교 사범대학 교육학과 졸업
서울대학교 대학원 교육학과 교육상담학 박사
한국행동과학연구소 상담실 책임연구원
미국 위스콘신대학교 상담학과 객원교수
캐나다 브리티시 컬럼비아대학교 상담학과(ECPS) 객원교수
한국상담학회 수련감독사
현재, 청주교육대학교 초등교육학과 교수

[저서와 역서]
담임이 이끌어 가는 학급상담(학지사, 2006)
한국형 초등학교 생활지도와 상담(공저, 학지사, 2006)
꾸중을 꾸중답게, 칭찬을 칭찬답게(학지사, 2005)
초등학교 현장 상담대화기법 동영상 CD 프로그램(학지사, 2005)
공감학: 어제와 오늘(학지사, 2004)
상담학 연구방법론: 사회과학 연구방법의 새로운 지평(학지사, 2004)
상담의 도구(대한민국학술원선정 우수도서, 이동렬과 공저, 학지사, 2002)
동화로 열어가는 상담이야기(학지사, 2001)
상담의 새로운 패러다임(대한민국학술원선정 우수도서, 학지사, 2001)
상담의 실제(대한민국학술원선정 우수도서, 이동렬과 공저, 학지사, 2001)
새내기 상담가를 위한 상담과 심리치료(이동렬과 공저, 교육과학사, 2000)
공감과 친사회행동(문음사, 1997)
사람들의 행동을 변화시키는 특이한 방법들(역, 양서원, 1995)

[수 상]
대한민국학술원선정 우수도서(2003)
제12회 한국교육학회 학술상 수상(2006)
제14회 삼천리자전거배 전국산악자전거대회 초급 마스타부 우승
제 2 회 봉화춘양목송이배 전국산악자전거대회 초급 마스타부 우승

동양상담학 시리즈 4
논어와 상담

1판 1쇄 인쇄 | 2007년 1월 5일
1판 1쇄 발행 | 2007년 1월 10일

지은이 | 박성희
펴낸이 | 김진환
펴낸곳 | 도서출판 학지사

주소 | 121-837 서울시 마포구 서교동 352-29 마인드월드빌딩 5층
대표전화 | 02)326-1500 팩스 | 02)324-2345
홈페이지 | http://www.hakjisa.co.kr
등록 | 1992년 2월 19일 제2-1329호
정가 | 7,000원
ISBN | 978-89-5891-404-4 94180
978-89-5891-400-6 (set)

동양상담학 시리즈

■ 마음과 상담 ①

상담은 사람의 마음을 전문적으로 다루는 활동이다. 따라서 상담자는 마음이 어떻게 생겼는지, 어떻게 작동하는지, 어떻게 변화되는지 등 마음에 대해 남다른 지식을 가지고 있어야 한다. 이 책은 마음에 대한 동서양의 관점을 살피고 이를 상담에 활용하는 전략에 대해 다룬다.

■ 불교와 상담 ②

불교에서 상담적 요소를 찾아내어 이를 현대 상담 이론과 상담 전략으로 정립하려는 노력은 꾸준히 전개되어 왔다. 이제 지금까지의 연구 결과를 종합하여 매듭을 하나 짓고 동시에 불교 상담의 미래를 전망할 시점이 되었다. 불교 상담의 어제, 오늘 그리고 내일을 조망해 본다.

■ 선문답과 상담 ③

선문답과 상담이 무슨 관련이 있을까? 이해하기도 어렵고 이해하려는 노력만으로는 절대로 풀 수 없는 선문답을 상담에 가져오는 일이 가능할까? 하지만 700여 년 이상 전개된 선문답의 역사를 들여다보면 답은 명쾌해진다. 단박에 존재의 본질을 꿰뚫고 들어가는 선문답은 실존적 상담을 이끌어 가는 중요한 실마리로서 손색이 없다.

■ 논어와 상담 ④

2,500여 년 전 공자가 제자들을 데리고 다니며 상담 활동을 전개했다는 사실을 아는가? 요즈음 말로 공자는 인생 상담에 도가 트인 분이다. 논어에 담겨 있는 공자의 지혜를 현대 상담으로 풀어낸다.

■ 퇴계 유학과 상담 ⑤

퇴계가 정립한 조선 성리학은 사람의 마음을 살핀 심성론이다. 경을 중심으로 전개되는 심성론에는 오늘날 상담학에서 다루는 많은 지식이 아주 섬세하게 논의되고 있다. 상담자로서 퇴계의 면모를 살펴보고 그의 아이디어를 현대 상담으로 끌어와 살핀다.

■ 도덕경과 상담 ⑥

도덕경은 그야말로 상담책이라고 해도 과언이 아니다. 도덕경의 한 구절 한 구절이 모두 세상을 행복하게 살아가는 법에 대해 말하고 있기 때문이다. 삶을 소유가 아니라 누림으로 풀어내는 노자의 혜안을 통해 행복하게 살고픈 이들을 돕는 동양의 비법을 접할 수 있다.

■ 모리타 상담 ⑦

신경증 치료를 위하여 모리타가 개발한 일본식 상담이다. 서양식 상담을 일방적으로 수입하지 않고 일본 내에서 자생적으로 성장한 상담이라는 점이 주목할 만하다. '아무것도 하지 않으면 자연적인 치유의 힘이 발동한다.' 는 원리로부터 체계적인 상담법을 발전시킨 모리타의 창의성이 돋보인다.

■ 나이칸 상담 ⑧

나이칸 상담은 모리타 상담과 어깨를 나란히 하여 세계로 수출되고 있는 일본식 상담이다. 감사하는 마음을 북돋아 일으킴으로써 청담자를 평화와 행복의 세계로 인도하는 방법을 제시하고 있다. 감사하는 마음을 일으키기 위하여 마련한 치밀한 세부 절차와 과정에서 일본 냄새가 강하게 풍기는 상담임을 느끼게 한다.

■ 동사섭 상담 ⑨

세계 상담계에 내놓아도 좋을 만한 대표적인 한국식 상담이다. 불교적인 아이디어와 서양식 상담을 절묘하게 버무려 새로운 형태의 상담을 탄생시킨 용타 스님의 혜안이 놀랍다. 짧은 시간에 많은 사람들의 메마른 감정을 휘저어 감동을 주는 동사섭의 세계를 맛볼 수 있다.

박성희 저 / 46판 / 전9권 / 각권 7,000원 (세트 63,000원)